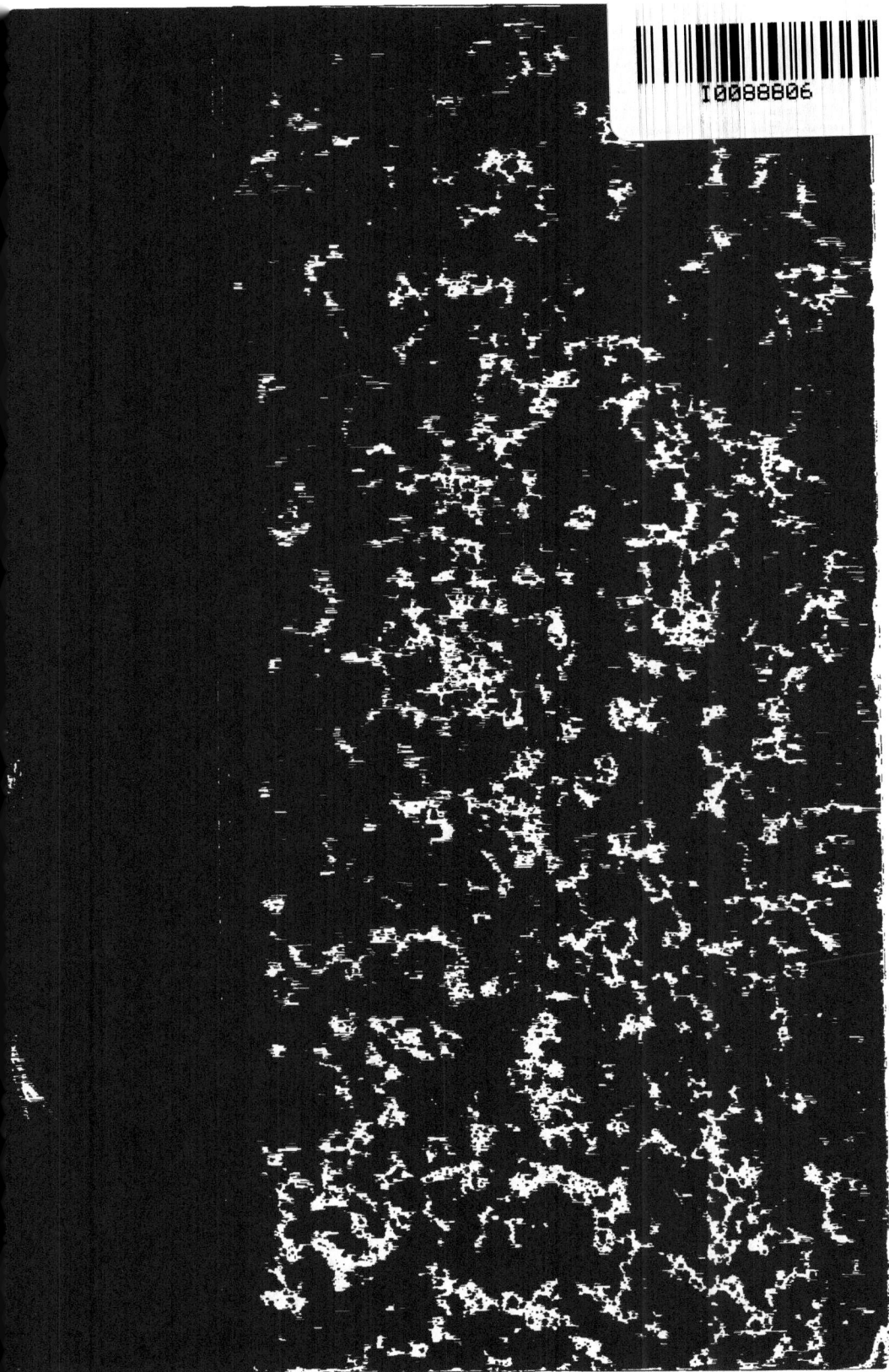

LA
Guerre

DE

1870-71

VI

Journée du 5 Août

PARIS

LIBRAIRIE MILITAIRE R. CHAPELOT ET Cⁱᵉ

IMPRIMEURS-ÉDITEURS

30, Rue et Passage Dauphine, 30

—

1902

L A

GUERRE DE 1870-71

VI

Journée du 5 Août

Publiée par la **Revue d'Histoire**

rédigée à la Section historique de l'État-Major de l'Armée

LA
Guerre

DE

1870-71

VI

Journée du 5 Août

PARIS

LIBRAIRIE MILITAIRE R. CHAPELOT et Cᵒ

IMPRIMEURS-ÉDITEURS

30, Rue et Passage Dauphine, 30

1902

SOMMAIRE

LA

GUERRE DE 1870-1871

La journée du 5 août en Lorraine.

Les mouvements ordonnés le 4 août par l'Empereur, sont exécutés le 5, dans les conditions suivantes :

3e *corps*. — Le quartier général est transféré de Boulay à Saint-Avold.

La 1re division « part de Rosbrück pour Sarregue- « mines. Le 62e (Forbach) et le 95e (Haut-Hombourg) « ayant à se rallier d'abord, la division ne se met en « marche qu'à midi (1) et, malgré une chaleur acca- « blante, arrive à Sarreguemines à 5 heures (2) », par l'itinéraire Cocheren, Theding, Diebling. L'étape aurait pu être faite dans la matinée. Le rassemblement préa- lable de la division à Rosbrück ne présentait que des inconvénients qu'il était facile d'éviter en prescrivant au 62e de ligne, soit de se rendre directement de Forbach à Sarreguemines par Behren et Lixing, soit de venir s'intercaler dans la colonne à Théding, et au 95e de ligne de suivre le mouvement par Fareberswiller.

---

(1) Les *Souvenirs militaires du général Montaudon* indiquent 10 heures.

(2) Journal de marche de la division Montaudon.

La division Montaudon, au lieu de s'arrêter sur la rive gauche de la Sarre et de pousser ses avant-postes sur les hauteurs de la rive droite pour assurer son débouché éventuel, franchit tout entière la rivière et campe près de Neunkirch, sauf le 95° qui reste sur les hauteurs, au Sud-Ouest de Sarreguemines; « un ba- « taillon garde Wising, laissé sans défense par le « départ du 5° corps (1) ». La 2° division se porte de Saint-Avold à Puttelange; son mouvement s'exécute par la grosse chaleur, de midi et demi à 5 h. 1/2.

La 3° division se rend de Ham-sous-Varsberg à Marienthal. La 1re brigade, précédée du 10° régiment de chasseurs à cheval, se met en marche à 8 heures et arrive à son campement à midi. « La 2° brigade, en « approchant de Saint-Avold, reçoit l'ordre du Maré- « chal commandant le 3° corps, de faire le café. Pen- « dant qu'elle y était occupée, la 2° division du 3° corps « se met en marche pour Puttelange et prend la route « que doit suivre la 2° brigade de la 3° division, en « sorte que cette brigade se trouve séparée de la 1re. « Son mouvement est retardé de plusieurs heures et « elle n'arrive à Marienthal que vers 5 heures du « soir (2). »

La 4° division part de Teterchen à la pointe du jour pour Saint-Avold. « Arrêtée, en vue de Saint-Avold, « par le passage des divisions Metman et Castagny du « 3° corps, les troupes de la division n'occupent les « camps qui leur sont assignés qu'au coucher du « soleil (3). »

La division de cavalerie de Clérembault reste. à

---

(1) *Souvenirs militaires du général Montaudon*, page 70. Ce bataillon devait aller occuper la ferme de Wising le 6 août, à 5 heures du matin. (Réponse au rapport de la 1re division, 5 août.)

(2) Journal de marche de la division Metman.

(3) Journal de marche de la division Decaen.

Saint-Avold. « A 5 heures du matin, le 3ᵉ escadron
du 4ᵉ dragons part en reconnaissance sur la route de
Carling et rentre, par l'Hôpital, au bivouac à 8 heures
du matin, en signalant qu'il n'a pas vu l'ennemi (1). »
Un escadron du 5ᵉ dragons est dirigé à la même heure
sur Porcelette et Diesen « pour explorer ces localités ». Il revient à Saint-Avold à 9 heures du matin
« n'ayant pas rencontré l'ennemi (2) ».

Les réserves d'artillerie et du génie font également
« séjour au camp de Saint-Avold ».

Les 3ᵉ et 4ᵉ subdivisions du parc d'artillerie du corps
d'armée rallient en ce point les deux premières qui
sont arrivées la veille, mais l'équipage de ponts reste
toujours « consigné » (3) à Forbach, faute d'attelages
pour le ramener à Saint-Avold. A une demande de
train adressée à ce sujet par le général de Rochebouët,
commandant l'artillerie du 3ᵉ corps, au général Soleille,
celui-ci répond que « le major général prescrit d'attendre (4) ».

4ᵉ *corps*. — Le quartier général est transféré de Bouzonville à Boulay.

1ʳᵉ *division*. — La 1ʳᵉ brigade d'infanterie, le 2ᵉ régiment de hussards, deux batteries et la compagnie du
génie reviennent de Kirschnaumen à Bouzonville. La
2ᵉ brigade et une batterie rétrogradent de Sierck sur
Kirschnaumen et Colmen.

La 2ᵉ *division* part de Brettnach, à 10 heures du
matin pour Teterchen (étape de 4 kilomètres seulement)
avec un escadron du 2ᵉ hussards.

La 3ᵉ *division* reste à Bouzonville avec le 7ᵉ hussards.

---

(1) Journal de marche de la division de Clérembault.
(2) *Ibid.* L'Historique du 5ᵉ dragons ne donne pas le numéro de cet
escadron.
(3) 5ᵉ fascicule, page 318.
(4) D. T. Documents annexes, 3ᵉ corps.

La division de cavalerie reporte son quartier général
à Boulay, ainsi que sa brigade de dragons. (Départ de
Bouzonville à midi et demi.)

Les réserves d'artillerie et du génie reviennent de
Bouzonville à Boulay.

5ᵉ *corps*. — Le quartier général est installé à Bitche
vers 2 heures de l'après-midi.

La 1ʳᵉ *division* part de la ferme Wising à 5 heures du
matin, précédée et flanquée par le 5ᵉ régiment de hussards et arrive à la ferme Freudenberg (3 kilomètres à
l'Ouest de Bitche) à 4 heures de l'après-midi, « après
« avoir exécuté par une grande chaleur, une marche
« de flanc longue et pénible en présence de partis
« ennemis (1) ».

La 2ᵉ *division* devait rompre de Neunkirch à 4 heures
du matin, laissant à Sarreguemines la brigade Lapasset,
le 3ᵉ lanciers, le trésor, la prévôté, l'ambulance et le
convoi de vivres du 5ᵉ corps, jusqu'à l'arrivée de la division Montaudon du 3ᵉ (2). Les réserves d'artillerie et du
génie devaient marcher avec cette colonne. Mais le départ est « retardé par le passage du grand quartier géné-
« ral du 5ᵉ corps prenant les devants (3) » et c'est à
1 heure de l'après-midi seulement qu'on atteint Rohrbach. « La route est facile, le temps est beau » dit le
Journal de marche de la division et cependant le commandant du 5ᵉ corps, arrivé à Bitche « s'empresse aussi-
« tôt de télégraphier au général de l'Abadie d'Aydrein

---

(1) Général de Failly, *Opérations et marches du 5ᵉ corps jusqu'au
31 août*. Bruxelles, Lebègue, page 10.

La distance était inférieure à 24 kilomètres. Les troupes n'auraient
pas tant souffert de la chaleur si on les avait fait partir à 4 heures du
matin en les échelonnant, dès le 4 août dans la soirée, sur la route de
marche. En tout cas, la tête de colonne pouvait arriver à la ferme
Freudenberg à 11 heures du matin.

2) Par ordre du Major général.

(3) Journal de marche de la 2ᵉ division.

« (commandant la 2ᵉ division) de faire son trajet de Sar-
« reguemines à Bitche en deux jours et de coucher à
« Rohrbach avec l'artillerie de réserve, en raison de la
« la grande fatigue qu'il doit nécessairement éprou-
« ver (1) ».

Le général commandant le 5ᵉ corps ne se conformait
donc pas aux instructions du Major général en date du
4 août. La fatigue supposée des troupes de la 2ᵉ division
était-elle le seul motif de son arrêt à Rohrbach ? Ne s'y
joignait-il pas le souci de garder ce nœud de communications, « cette trouée », en face de laquelle le colonel
du 5ᵉ lanciers avait signalé la veille, à Bettwiller, la
présence « d'un gros parti ennemi de cavalerie et d'ar-
« tillerie » ? (2). Tel paraît être l'avis du colonel commandant la réserve d'artillerie du 5ᵉ corps. De fait, le
général de l'Abadie d'Aydrein ne reçut-il pas l'ordre
« quand il quittera Rohrbach, le 6 au matin, de laisser
« un bataillon comme soutien du 5ᵉ lanciers, jusqu'à
« l'arrivée de la brigade Lapasset, qui le fera relever
« par un bataillon du 97ᵉ » ? (3).

C'étaient là des manifestations de la doctrine erronée
du XVIIIᵉ siècle, en vertu de laquelle les corps d'armée
se servaient à eux-mêmes de couverture et perdaient
ainsi toute liberté de manœuvre.

En réalité, il eût été facile au 5ᵉ corps d'exécuter strictement les prescriptions du Major général. Le but du
mouvement du 5 août était de réunir le plus vite possible les 1ʳᵉ et 2ᵉ divisions à la 3ᵉ à Bitche, en évitant
tout engagement sérieux avec l'ennemi. A cet effet, on
pouvait adopter les dispositions suivantes :

Un régiment de la 2ᵉ division (brigade de Maussion),

---

(1) Journal de marche du 5ᵉ corps.
(2) Documents annexes du 4 août. 5ᵉ fascicule, page **347**.
(3) Journal de marche du 5ᵉ corps.

avec une batterie en flanc-garde, d'abord à l'Est de
Bliesbrücken, ensuite au Nord de Rimlingen, puis à
Epping et Volmünster. Le 5ᵉ lanciers (1) et le 3ᵉ hussards (2) lui auraient été adjoints, sauf un escadron de
ce dernier régiment réservé à la sûreté immédiate de la
colonne. Le 12ᵉ régiment de chasseurs aurait été chargé
d'envoyer de Bitche des reconnaissances sur Hornbach,
Altheim, Bliesdalheim.

La 1ʳᵉ division, avec les réserves d'artillerie et du
génie, aurait suivi la route de Bitche, par Gros-Rederching et Rohrbach, ainsi que le reste de la 2ᵉ divison.
Le convoi aurait campé, le 4 août au soir, à Hambach, et
se serait rendu, dans la journée du 5, à Lorentzen, muni
d'une escorte d'un bataillon et de l'escadron du 12ᵉ
chasseurs qui se trouvait à Sarreguemines.

Partant de la ferme Wising à 4 heures du matin, en
formation doublée, la tête de colonne de la 1ʳᵉ division
pouvait arriver à la ferme Freudenberg à 11 heures
(grand'halte d'une heure comprise), la queue de colonne
à 2 heures environ de l'après-midi; la flanc-garde fournie par la brigade de Maussion de la 2ᵉ division à
5 heures au plus tard, à moins qu'on ne l'eût fait sta-
tionner à Volmünster où elle aurait continué à protéger
le rassemblement du 5ᵉ corps à Bitche, Freudenberg (3).

6ᵉ *corps.* — Le maréchal Canrobert reçoit, dans la

---

(1) Appartenant à la 2ᵉ brigade de la division de cavalerie du
5ᵉ corps et stationné le 4 août à Rohrbach. Le premier régiment de
cette brigade était le 3ᵉ lanciers, resté à Sarreguemines avec la brigade
Lapasset.

(2) Appartenant à la 1ʳᵉ brigade de la division de cavalerie du
5ᵉ corps et stationné le 4 août à Sarreguemines. Le deuxième régiment
de cette brigade était le 12ᵉ chasseurs, dont quatre escadrons étaient à
Bitche, un escadron à Sarreguemines.

(3) Si le 5ᵉ corps avait su qu'il aurait à se porter le lendemain,
6 août, sur Frœschwiller, il eût été judicieux qu'il stationnât en profondeur entre Bitche et Rohrbach. Mais le général de Failly l'ignorait

matinée du 5 août, l'ordre d'envoyer à Nancy, par voie ferrée, les trois divisions d'infanterie qui se trouvent au camp de Châlons ; la réserve d'artillerie, la réserve du génie et la cavalerie suivront par étapes. Le départ des divisions d'infanterie est fixé au 6 août ; celui de la division de cavalerie, des réserves d'artillerie et du génie au 7. A la réserve d'artillerie, se joindront les batteries de la 4ᵉ division d'infanterie (1).

Garde. — La Garde, quittant ses bivouacs de Volmerange, Condé-Northen et Glattigny, va s'établir à Courcelles-Chaussy.

La division de cavalerie Desvaux, partant à midi de Volmerange, s'y rend par les Étangs et un chemin vicinal qui remonte la rive droite de la Nied.

La division Deligny (voltigeurs) rompt de Volmerange à 2 h. 30 de l'après-midi, prend le chemin de Varize et arrive à Courcelles à 5 heures. « La division, réveillée « à 3 heures du matin, doit se rendre à Courcelles- « Chaussy, dit le Journal de marche de la 2ᶜ brigade, « mais elle ne quitte son bivouac qu'à 2 h. 30 de l'après- « midi. Les distributions se font si mal et si lentement, « qu'elles sont la cause du retard apporté à la mise en « route. En arrivant à Courcelles-Chaussy, nous sommes « assaillis par un orage épouvantable, aussi les bivouacs « ne sont que des lacs de boue. »

La division Picard (grenadiers), partant de Volmerange à 4 h. 15 du soir seulement, passe par Condé-Northen, les Étangs et n'atteint Courcelles-Chaussy qu'à 9 heures du soir. « Il est impossible de camper ; la pluie « accompagnée d'éclairs et de tonnerre persiste jusqu'à

---

encore et, dans ces conditions, il lui fallait se conformer aux ordres du Major général, lui prescrivant de porter les 1ʳᵉ et 2ᵉ divisions *à Bitche.*

(1) Ces batteries sont au camp de Châlons, tandis que les régiments de la division sont encore à Paris.

« 2 heures du matin. La plupart des hommes se réfu-
« gient dans un bois où ils allument des feux (1) ».

La 2ᵉ subdivision de la réserve d'artillerie n'arrive à
Courcelles qu'à 11 heures du soir ; « les hommes font
« des feux et, dans la boue jusqu'aux genoux, attendent
« impatiemment le jour (2) ».

Le train auxiliaire ne rejoindra que le lendemain
6 août à 10 heures du matin, après avoir marché toute
la nuit dans un enchevêtrement complet des voitures
des trois divisions (3). Les journées des 4 et 5 août
avaient donc été particulièrement pénibles pour la
Garde, bien qu'elle eût parcouru peu de chemin, et il
est fort douteux que les hommes eussent été assez dispos
pour livrer combat le 6 août dans de bonnes conditions (4).

La division de réserve de cavalerie de Forton se rend
de Pont-à-Mousson à Faulquemont, sans incident notable.

Aux termes de l'ordre du 4 août, le 2ᵉ corps devait
rester sur les positions qu'il occupait. Mais le 5 août à
7 h. 15 du matin, le général Frossard télégraphiait au
Major général :

« Je ne fais rien sur ma position avancée ; j'y suis un
« peu en flèche ; le 2ᵉ corps serait beaucoup mieux sur
« les plateaux de Forbach à Sarreguemines, en gardant
« Forbach. L'Empereur juge-t-il que je doive me re-
« plier là ? »

---

(1) Journal de marche de la 2ᵉ brigade de la division Picard.
(2) Historique du régiment d'artillerie de la Garde.
(3) Journal de marche de la division Picard.
(4) La distance de Volmérange à Courcelles-Chaussy n'étant que de
10 kilomètres, le déplacement de la Garde était d'une utilité très
contestable en soi et n'amenait que le résultat très fâcheux d'éloigner
ce corps de ceux à qui il servait de réserve, dans la pensée de l'Empereur.

A 9 h. 10, le Major général répondit :

« L'Empereur décide que, demain matin, vous repor-
« terez votre quartier général à Forbach, vous laissant
« libre de disposer vos divisions en les concentrant
« autour de vous, de manière à mettre votre quartier
« général à Saint-Avold, dès que l'ordre vous en sera
« donné par l'Empereur. »

Le général estima qu'il y avait des inconvénients à
remettre au 6 août l'exécution de cet ordre qui pourrait
être entravée, pendant le jour, par l'ennemi « dont les
« mouvements de convergence sur Sarrebrück s'accen-
« tuaient de plus en plus (1) ». Les renseignements
signalaient, sur la rive droite de la Sarre, la présence
de l'armée du général Steinmetz, forte d'au moins
100,000 hommes et, derrière elle, la concentration de
forces considérables sous les ordres du prince Frédéric-
Charles. En outre, le général Frossard redoutait d'être
« tourné à la fois par ses deux ailes, auxquelles on
« n'avait donné quelque appui qu'en dégarnissant le
« front (1) ». Aussi résolut-il d'effectuer dans la soirée
même son changement de position.

En conséquence, le quartier général du 2ᵉ corps fut
transféré à Forbach.

La 2ᵉ brigade de la 1ʳᵉ division se replia sur Forbach
à 6 heures du soir et vint camper, à 10 heures, à l'Est
(76ᵉ de ligne) et à l'Ouest (77ᵉ) de la grande route de
Sarrebrück et près du village de Stiring-Wendel. L'artillerie divisionnaire et la compagnie du génie s'établirent derrière le 76ᵉ de ligne. La 1ʳᵉ brigade de cette
division fut maintenue à l'Ouest de Forbach, perpendi-
culairement à la route de Sarrelouis. « Afin de mieux
« couvrir son flanc gauche », le général commandant le

---

(1) Général Frossard, *Rapport sur les opérations du 2ᵉ corps de l'armée
du Rhin*, page 30.

2ᵉ corps avait fait commencer un retranchement d'environ 1000 mètres de développement en travers de cette
route (1).

La 2ᵉ division évacua à 7 heures du soir les hauteurs
au Sud de Sarrebrück et se porta sur celles d'Œting
où elle bivouaqua, à 10 heures du soir, au Nord-Ouest
de Behren.

La 3ᵉ division quitta les environs de Saint-Arnual à
8 heures du soir et occupa à minuit les positions suivantes : 1ʳᵉ brigade, sur la croupe au Sud-Est de Spicheren avec l'artillerie divisionnaire ; 2ᵉ brigade, au
Nord de ce village ; la compagnie du génie et l'ambulance à Spicheren même. Des avant-postes furent placés
sur les croupes qui se détachent des cotes 337 et 344
au Nord-Ouest de Spicheren, c'est-à-dire à 800 mètres
environ en avant du camp de la 2ᵉ brigade.

La réserve d'artillerie rétrograda de la Brême-d'Or
sur Forbach (4 batteries de 4) et Morsbach (2 batteries
de 12); la réserve du génie restant à Morsbach.

La division de cavalerie de Valabrègue conserva son
bivouac de Forbach, moins le 7ᵉ dragons, réparti également entre les 1ʳᵉ et 3ᵉ divisions et le 5ᵉ régiment de
chasseurs, affecté à la 2ᵉ division.

Les troupes du 2ᵉ corps furent donc privées d'une
partie de leur repos dans la nuit du 5 au 6 août. Cette
hâte d'évacuer les hauteurs de la rive gauche de la Sarre
était-elle bien justifiée et n'aurait-on pu attendre jusqu'au lendemain matin pour exécuter ce mouvement ?

En se repliant sur les hauteurs de Spicheren-Œting
le 2ᵉ corps perdait, non seulement toute action, mais
aussi toute vue sur la vallée de la Sarre.

Désormais, des rassemblements ennemis importants
pouvaient s'effectuer entre Sarrebrück et Sarrelouis en

_____

(1) Historique du 2ᵉ corps.

toute sécurité. La nécessité apparaissait donc, plus impérieuse que jamais, d'envoyer des reconnaissances d'officier sur la rive droite de la rivière et, en tout cas, d'avoir des postes aux points de passage. A la vérité, « le général de Valabrègue, commandant la cavalerie, « avait laissé en avant du front, des grand'gardes de « chasseurs à cheval pour éclairer et signaler, s'il y « avait lieu, les mouvements de l'ennemi (1) », mais il ne semble pas que ce service de sûreté ait été poussé jusqu'à la Sarre.

L'inconvénient de ne plus commander les ponts de la Sarre était compensé sans doute, dans l'esprit du général Frossard, par d'autres avantages :

« Il connaissait parfaitement la position de Spicheren ; « il l'avait visitée et parfaitement étudiée en 1867. Il « était convaincu que son corps d'armée y serait inexpu- « gnable, pourvu que l'ennemi ne vînt pas l'attaquer « avec des forces démesurément supérieures (2). »

*
* *

Les illusions du grand quartier général français sur le degré de préparation des armées adverses peuvent se concevoir jusqu'au 4 août et rendent admissible, jusqu'à un certain point, le dispositif *préparatoire* qu'il avait adopté et conservé jusqu'à cette date. Mais le combat de Wissembourg et l'invasion de l'Alsace étaient la preuve manifeste de l'erreur commise dans l'estimation du temps nécessaire à l'ennemi pour effectuer la mobilisation et achever la concentration de ses forces. A ce point de vue, si douloureux et si imprévu que fût l'échec de la division Douay, il pouvait et devait servir

---

(1) Général Frossard, *Rapport sur les opérations du 2ᵉ corps de l'armée du Rhin*, page 35.

(2) *Souvenirs militaires du général Lebrun*, page 264.

au moins d'avertissement en faisant pressentir, à bref
délai, le débouché des masses allemandes signalées sur
la rive droite de la Sarre. Rien, en effet, n'autorisait à
croire que celles-ci ne fussent pas, comme l'armée du
Prince Royal, prêtes à ouvrir les opérations.

Dès lors, il n'y avait pas de temps à perdre pour concentrer les corps de Lorraine et se trouver en état de
livrer la bataille avec toutes les forces réunis (1). L'Empereur en avait eu le sentiment le 4 août, avant même
d'être informé de l'offensive de la IIIe armée. « Pour ne
« pas être surpris et avoir le temps de rassembler nos
« troupes en cas d'attaque, écrivait-il à cette date au
« Major général, il faut concentrer autour de Boulay
« comme centre, Ladmirault, Bazaine et Frossard.....
« La Garde s'établirait en arrière de Boulay. » Et il
ajoutait très judicieusement : « Si les Prussiens avan-
« çaient demain (5 août) on se retirerait plus en arrière,
« afin de se concentrer avant une lutte. »

Ce projet, on le sait, fut abandonné. Peut-être ob-
jecta-t-on, suivant les errements de l'époque, que son
adoption entraînerait à dégarnir toute la zone frontière,
comprise entre Thionville et Bouzonville. Peut-être
aussi fit-on observer qu'il ne fallait pas abandonner à
l'ennemi les débouchés de Sarrebrück et de Sarreguemines. Peut-être, enfin, opposa-t-on les difficultés d'ali-
mentation qui allaient résulter de cette concentration
intensive. Quoi qu'il en soit, le principe posé par l'Empereur était sage et opportun. Si l'application qu'il en

---

(1) « Devant une assurance aussi certaine du voisinage de l'ennemi,
« il semblerait qu'on eût dû ne pas perdre une minute ; il fallait
« mettre en mouvement immédiatement les troupes, leur faire dou-
« bler les étapes, les faire marcher la nuit, afin de ne pas être surpris
« et de pouvoir présenter au besoin le solide faisceau de nos forces
« réunies. » (*Metz. Campagne et négociations*, par un officier supérieur
de l'armée du Rhin, page 39.)

voulait faire n'a pu être admise sans quelques réserves (1), il n'en est pas moins vrai qu'il eût été préférable de s'y conformer strictement plutôt que de laisser les troupes disposées comme elles l'étaient dans la soirée du 5 août.

De Sarreguemines à Bouzonville, en passant par Saint-Avold, on compte, en effet, *à vol d'oiseau*, plus de 50 kilomètres. Si donc, le 2ᵉ corps était attaqué le 6 août, le 3ᵉ corps pouvait lui venir en aide, mais le 4ᵉ corps était trop loin pour prendre part à la bataille. Il en était de même *a fortiori* pour la Garde malencontreusement dirigée sur Courcelles-Chaussy. Sans doute, l'ordre du 4 août, mis à exécution le 5, était antérieur à la réception à Metz de la nouvelle du combat de Wissembourg. Mais cet événement, d'une gravité exceptionnelle, créait une situation nouvelle, qui justifiait des prescriptions différentes, dont les corps auraient pu avoir connaissance dans la nuit du 4 au 5 août. En admettant, à la rigueur, qu'on voulût laisser le 4ᵉ corps en observation devant les débouchés de Sarrelouis, il fallait, au moins, amener la Garde dans une position centrale, vers Faulquemont, au lieu de la porter sur Courcelles-Chaussy. A vrai dire, les emplacements primitivement indiqués aux divisions du 3ᵉ corps, furent modifiés par une dépêche télégraphique, adressée par l'Empereur au maréchal Bazaine, le 4 août dans la soirée. Mais, loin de les concentrer davantage, ce contre-ordre les dispersait sur un front de 25 kilomètres en ligne droite, de Saint-Avold à Sarreguemines, et spécifiait même les noms des généraux de division qui occuperaient Sarreguemines (Montaudon), Puttelange (Castagny), Marienthal (Metman), Saint-Avold (Decaen). Le télégramme qui entrait dans ces détails, du ressort du

---

(1) Voir Journée du 4 août, 5ᵉ fascicule, page 256.

commandant du 3⁰ corps, était d'ailleurs muet sur les
motifs qui les avaient fait adopter.

« L'ensemble de ces mouvements n'était pas encore
« une concentration. Nous croyons qu'il eût fallu, en se
« dégageant nettement des préoccupations que donnait
« Sarrelouis, faire appuyer aussi vers l'Est tout ou partie
« du 4⁰ corps, le porter avec le 3⁰ en avant de la ligne
« des nouveaux campements de ce dernier, de façon à
« occuper la belle ligne de bataille, le centre à Caden-
« bronn, puis faire rétrograder sur cette position le
« 2⁰ corps et y attendre l'ennemi à l'état d'armée con-
« centrée forte de 90,000 à 100,000 hommes (1). »

L'appréciation du général Frossard, relative au dispositif des corps français, le 5 août, est absolument fondée,
de même qu'il eût été judicieux de se dégager nettement
des préoccupations que donnait Sarrelouis. Par contre,
le choix de la position de Cadenbronn est contestable.
Dépourvue de points d'appui, manquant de profondeur,
ne commandant pas les ponts de la Sarre, elle pouvait
être tournée par l'ennemi s'avançant soit de Sarrelouis,
soit de Sarreguemines et rendue intenable.

En somme, il ne semble pas que, jusqu'au 5 août au
soir, le grand quartier général français se soit rendu
compte, malgré « le sanglant avertissement (2) » de
Wissembourg, de l'imminence du péril (3). Du moins
les choses se passèrent-elles comme s'il en avait été
ainsi : les documents du 5 août ne mentionnent aucun

---

(1) Général Frossard, *Rapport sur les opérations du 2⁰ corps de l'armée
du Rhin*, page 29.

(2) *Metz, Campagne et négociations*, par un officier supérieur de
l'armée du Rhin, page 40.

(3) L'Empereur se rendait compte pourtant qu'une attaque était
prochaine. Il fit télégraphier à 7 h. 10 du soir au maréchal Bazaine et
au général Frossard qu'il désirait les voir à la gare de Saint-Avold le
6 août, à 1 h. 30 de l'après-midi. Une note marginale de la main du
maréchal Le Bœuf apprend « qu'en prévision d'une offensive de l'ennemi

ordre de concentration pour la journée du 6. L'Empereur pensait, sans doute, disposer encore du temps nécessaire au resserrement du dispositif des corps de Lorraine, dont il se préoccupait, ainsi qu'en témoignent un télégramme adressé à l'Impératrice à midi 30 et la lettre du Major général annonçant au général Frossard que le quartier général du 2e corps serait transféré à Saint-Avold.

Dans les divers corps d'armée, malgré la surprise de la division Douay et la proximité de l'ennemi, les reconnaissances de cavalerie continuent à faire défaut et le service de sûreté en station à être négligé. Aussi, le repos des troupes ne tarde-t-il pas à en souffrir. L'apparition de quelques cavaliers prussiens à Hargarten suscite, à 8 heures du soir, une alerte à la 2e division du 4e corps, qui prend les armes tout entière et « se porte en position à l'Est de Teterchen (1) ». A Rohrbach, des paysans signalent, à la tombée de la nuit, « la présence de l'ennemi en grandes masses dans « la région de Volmünster (2) ». Aussitôt, toute la brigade de Maussion et l'artillerie de la 2e division du 5e corps prennent leurs positions de combat et y restent toute la nuit, sous une pluie persistante. « L'ennemi ne « paraît pas (2) » et « les troupes sont très, fatiguées « de cette nuit sans sommeil, par la pluie (3) ».

« et d'une bataille prochaine, l'Empereur voulut réunir le 6 août le « maréchal Bazaine avec les commandants des deux autres corps sous « les ordres du Maréchal, afin de donner ses ordres généraux et de « régler leur coopération. »

« L'attaque que fit l'ennemi en débouchant de Sarrebrück, dès le « matin du 6, ajoute le maréchal Le Bœuf, empêcha cette réunion, « que l'on dut regretter de n'avoir pas faite le jour précédent. »

(1) Journal de marche de la division Grenier, 5 août.

(2) Journal de marche de la 2e division du 5e corps, 5 août.

(3) Notes du colonel de Vanteaux sur le 5 août (49e régiment d'infanterie).

Il en est de même à Sarreguemines, où la division
Montaudon et la brigade Lapasset, informées que les
Prussiens auraient passé la Blies et se masseraient en
face de Neunkirch, « se trouvent toute la nuit prêtes à
« recevoir l'ennemi, malgré un violent orage (1) ».

Donc, dans l'armée française de Lorraine, il n'y a pas
de sûreté stratégique, car elle est dispersée sans s'être
garanti la possibilité de se concentrer en temps et lieu ;
il n'y a pas non plus de sûreté tactique, car les avant-
postes, s'il y en a, sont à trop courte distance pour assurer le repos et la liberté d'action des diverses unités.

*
* *

A la suite du combat de Wissembourg, l'Empereur
qui, dès le 4 août, avait mis deux divisions du 5e corps
sous les ordres du maréchal de Mac-Mahon, avait com-
pris que « l'impulsion du commandement avait besoin
« de se faire sentir sur les lieux mêmes où l'ennemi
« allait apparaître (2) ». Il décida, le 5 août, qu'à dater
« de ce jour (3) », les 1er, 5e et 7e corps d'armée seraient
placés sous les ordres du maréchal de Mac-Mahon ;
les 2e, 3e et 4e corps d'armée sous le commandement
du maréchal Bazaine, « en ce qui concerne les opéra-
« tions militaires (4) ».

_____

(1) Journaux de marche de la division Montaudon et de la brigade
Lapasset.
« La pluie ne cesse de tomber, et mes soldats, sans couverture,
« ne laissent échapper aucune plainte, car, près d'eux, les officiers
« prêchent d'exemple par leur résignation et leur bonne humeur. »
(Souvenirs militaires du général Montaudon, page 71.)
(2) Metz, Campagne et négociations, par un officier supérieur de
l'armée du Rhin, page 37.
(3) Télégramme du Major général aux commandants des corps
d'armée, 5 août, 12 h. 50 soir.
(4) « Je n'ai jamais admis cette restriction, a dit le maréchal Bazaine,

Ainsi se trouvaient constituées deux armées, une de Lorraine, une autre d'Alsace, mais leurs chefs ne furent pas pourvus d'un état-major spécial, continuèrent à commander directement le corps d'armée placé primitivement sous leurs ordres et ne reçurent aucune instruction relative aux opérations ou aux projets de l'Empereur. Celui-ci conservait le commandement suprême et la disposition exclusive de la Garde, du 6ᵉ corps et des réserves de toutes armes.

« Le duc de Magenta, seul, sur un théâtre éloigné, se « trouvait à peu près affranchi d'une tutelle aussi gê- « nante ; il avait, par suite de cette situation, une liberté « d'action que le commandement pouvait difficilement « entraver, ne sachant rien des lieux ni des circon- « stances du moment. Pour le maréchal Bazaine, il n'en « fut pas ainsi : il put s'apercevoir de suite qu'on enten- « dait que son commandement restât aussi fictif que par « le passé .... (1) »

Sur ces entrefaites, le maréchal de Mac-Mahon avait télégraphié de Reichshoffen à l'Empereur, qu'avec l'aide du 5ᵉ corps « il serait en mesure de prendre l'offensive ». Le général de Failly en fut avisé aussitôt par le Major général qui lui renouvela la recommandation de se mettre immédiatement en communication avec le maré-

---

« en ce sens qu'il est bien difficile de savoir quand commencent les « opérations militaires et quel est le moment où l'on doit prendre le « commandement. » (*Procès Bazaine. Interrogatoire du maréchal Bazaine*, page 157.)

« Par ces dispositions essentiellement transitoires, loin de relever « l'influence et le prestige du haut commandement, l'Empereur devait « fatalement faire naître des malentendus..... C'était là, il faut « l'avouer, une organisation bâtarde, ne laissant aux commandants « d'armée qu'une lourde responsabilité, sans aucune initiative. Elle « ne pouvait faire naître que l'indécision et l'incertitude dans l'esprit « des chefs. » (*Souvenirs militaires du général Montaudon*, page 79.)

(1) *Metz, Campagne et négociations*, page 38.

chal de Mac-Mahon et de se conformer à ses ordres (1).
Les divisions Goze et de l'Abadie étaient encore en
marche sur Bitche quand le maréchal de Mac-Mahon fit
connaître au général de Failly que, « par ordre de l'Em-
« pereur, le 5ᵉ corps passe sous son commandement, et
« l'invite à le rejoindre aussitôt que possible (2) ».
Comment expliquer, dès lors, la détermination prise par
le général de Failly d'arrêter la division de l'Abadie à
Rohrbach? Il contrevenait ainsi, à la fois, à l'ordre du
4 août du Major général et aux instructions du maréchal
de Mac-Mahon.

---

(1) Le Major général au général de Failly. Metz, dépêche télégraphique, 5 août, 4 heures du soir.

Les documents ne mentionnent pas la première recommandation qui
avait été faite à ce sujet au général de Failly. On sait seulement que le
4 août (5 h. 50 du soir au plus tard) le général de Failly avait reçu,
du Major général, l'ordre de se porter sur Bitche avec les deux divisions du 5ᵉ corps, présentes à Sarreguemines. On sait aussi que, d'après
l'ordre de l'Empereur du 4 août, deux divisions du 5ᵉ corps devaient
être placées sous le commandement du maréchal de Mac-Mahon.

(2) Général de Failly. *Opérations et marches du 5ᵉ corps*, page 11.

Cette dépêche n'existe pas dans les Archives de la guerre. Toutefois,
il y a lieu d'admettre qu'elle a dû parvenir au général de Failly, dont
le témoignage ne peut être mis en doute. Elle fut remise au général
avant 4 heures, car, d'après le texte ci-dessus, la division Goze était
encore en marche et elle n'atteignit Bitche qu'à 4 heures. D'ailleurs,
le Journal de marche du 5ᵉ corps, rédigé par le lieutenant-colonel
Clémeur, sous-chef d'état-major général du 5ᵉ corps et approuvé par le
général de Failly, s'exprime ainsi :

« A 5 heures, le général de Failly reçoit, par deux voies différentes,
une *nouvelle* dépêche du *Maréchal*, qui lui enjoint de faire occuper
immédiatement Lemberg..... »

Cette dépêche est du maréchal de Mac-Mahon. (Documents annexes,
5ᵉ corps.) Le général de Failly avait donc reçu du maréchal de Mac-
Mahon une dépêche *antérieure* à celle-ci.

La première dépêche devait, vraisemblablement, contenir l'invita-
tion de « rallier le 1ᵉʳ corps ». En effet, le Journal de marche du 5ᵉ corps,
rédigé par le capitaine de Piépape, mentionne que le général de Failly

A 5 h. 30 du soir, le général de Failly reçut une seconde dépêche du maréchal de Mac-Mahon :

« Faites-moi connaître immédiatement quel jour et « par où vous me rallierez. Il est indispensable et urgent « que nous réglions nos opérations (1). »

Le commandant du 5e corps répondit à 6 heures du soir :

« La division Lespart est seule à Bitche et partira à « 6 heures du matin pour vous rejoindre. Les autres « divisions suivront par la route de Niederbronn, aussi-« tôt leur arrivée successivement à Bitche. »

Sans doute, au sens propre du terme, la division de Lespart était « seule à Bitche », mais, en réalité la division Goze bivouaquait à la ferme Freudenberg,

---

fut invité à 5 heures du soir par le maréchal de Mac-Mahon à le rejoindre le plus tôt possible, et la dépêche suivante corrobore le fait :

Le général de Failly au général Montaudon, à Sarreguemines (D. T.). — Bitche, 5 août, 5 h. 30 soir. « Ayant l'ordre d'appuyer sur ma droite, j'ordonne aux troupes qui sont à Wising de rejoindre Bitche. »

On en conclut qu'à 5 h. 30 du soir le général de Failly avait déjà reçu l'ordre de se diriger vers l'Est ; on peut même dire, d'après le Journal du capitaine de Piépape qu'il l'avait reçu à 5 heures, et enfin, tenant compte de l'heure d'arrivée à Bitche de la division Goze, on obtient 4 heures au plus tard.

A la vérité, le maréchal de Mac-Mahon dit, dans ses *Souvenirs inédits :* « Le 5 août, à 6 heures du soir, je reçus une dépêche du Major général « m'annonçant que l'Empereur venait de placer le général de Failly « sous mes ordres..... J'écrivis aussitôt au général de Failly pour « l'inviter à me rejoindre le plus tôt possible. »

Le maréchal de Mac-Mahon, qui a écrit ses *Souvenirs* quelques années après les événements, a pu se tromper d'heure. Aux raisons données précédemment, on peut ajouter que le télégramme du Major général a été expédié de Metz à 12 h. 50 du soir et qu'il est bien probable qu'il a dû parvenir au maréchal de Mac-Mahon avant 6 heures du soir.

(1) Ce télégramme existe dans les Archives de la guerre, mais sans date. Le Journal de marche du capitaine de Piépape, ainsi que l'ouvrage *Opérations et marches du 5e corps*, par le général de Failly, page 11, mentionnent son arrivée à Bitche le 5 août, à 5 h. 30 du soir.

située à 3 kilomètres seulement de cette ville. La réponse
du général de Failly ne pouvait donc qu'induire en
erreur le maréchal de Mac-Mahon sur la situation exacte
du 5e corps (1). Il est permis de s'étonner en outre,
qu'invité à rejoindre «aussitôt que possible» le 1er corps,
le général de Failly, prévenu avant 4 heures, ait fixé à
6 heures, le lendemain matin, au mois d'août, le départ
de la division de Lespart.

Sur ces entrefaites, le général commandant le 5e corps
avait reçu un nouveau télégramme du maréchal de Mac-
Mahon (2) :

« Si cela vous est possible, occupez immédiatement
« la position de Lemberg (3); c'est de la dernière ur-
« gence. »

« Aussitôt, dit le Journal de marche du 5e corps,
« surgit une incertitude sur l'identité du point à oc-
« cuper. Lemberg, bien que gardant un défilé des
« Vosges, semblait trop au Sud pour être menacé. Lem-

---

(1) C'est en effet ce qui se produisit. « J'appris le soir même, dit le
« maréchal de Mac-Mahon dans ses *Souvenirs inédits*, par le général de
« Failly, qu'il était à Sarreguemines et non à Bitche, et qu'il n'y avait
« à Bitche que la division de Lespart. Elle devait en partir le 6 au
« matin pour venir me rejoindre; les deux autres divisions établies *aux
« environs de Sarreguemines.....* ne pourraient pas arriver le 7. »

(2) « Par deux voies différentes : Niederbronn et Sarreguemines », dit
le Journal de marche rédigé par le capitaine de Piépape. Le télégramme,
dont l'original existe aux Archives de la guerre, porte l'indication :
Reichshoffen, 5 août, 8 heures soir. Mais le général de Failly avait reçu
la première expédition vers 5 heures du soir, d'après le Journal de
marche précité et ainsi que le prouve d'ailleurs l'ordre de mouvement
donné en conséquence au 5e corps à 5 h. 30 du soir.

(3) L'occupation de Lemberg fut conseillée au maréchal de Mac-
Mahon par le général Ducrot qui attribuait une grande importance à
cette « position couvrant à la fois la grande route de Rohrbach à Ing-
« willer et le chemin des crêtes passant par Goetzenbruck, Meisenthal,
« Puberg et la Petite-Pierre » (*Vie militaire du général Ducrot*, tome II,
page 374).

« bach, au contraire, pouvait permettre de couper la
« retraite à un ennemi venant de Wissembourg en agis-
« sant sur ses derrières. Une erreur de nom semblait
« probable. »

Cependant le général de Failly s'empressa d'envoyer
un escadron de hussards, dirigé par le colonel Clémeur,
sous-chef d'état-major général, « pour reconnaître la
« position de Lemberg ». Puis, il adressa, à 9 heures
du soir, au maréchal de Mac-Mahon, une dépêche ainsi
conçue :

« Renseignements pris, j'ai lieu de penser que ce
« n'est pas le poste de Lemberg, gare de chemin de fer,
« au Sud de Bitche, qu'il s'agit d'occuper. Il n'y a rien
« d'anormal dans cette direction. Il doit s'agir de Lem-
« bach, à 32 kilomètres Est de Bitche. Faites-moi con-
« naître l'effectif des troupes à y envoyer. Demain, à
« 10 heures seulement, je pourrai, par suite du mouve-
« ment de concentration qui s'opère sur Bitche disposer,
« en cas de départ, de la division de Lespart. La réserve
« d'artillerie devra-t-elle marcher ainsi que le convoi
« auxiliaire ? Il est impossible à la division Lespart de
« faire 32 kilomètres (1) dans la journée, si elle doit
« marcher militairement. Je viens d'en faire deux fois
« l'expérience (2). »

Pourquoi le mouvement de concentration qui s'opérait
sur Bitche empêchait-il le général de Failly de disposer,
en cas de départ, de la division de Lespart avant
10 heures ? Voulait-il attendre que la division Goze et
la division de l'Abadie fussent venues de la ferme Freu-

_____

(1) Distance appréciée par le général de Failly pour aller de Bitche à
Lembach.

(2) Le général de Failly fait allusion, sans doute, aux marches des
divisions Goze et de l'Abadie, le 5 août. Or, de la ferme de Wising à la
ferme Freudenberg, il n'y a que 25 kilomètres, et de Neunkirch à
Rohrbach 20 kilomètres à peine.

denberg et de Rohrbach se rassembler à Bitche ou
tenait-il à ne faire rompre la tête de colonne de la division de Lespart qu'au moment où la division Goze aurait
atteint cette ville ?

C'est cette dernière hypothèse qui paraît se rapprocher le plus de la vérité.

L'ordre du mouvement du 5ᵉ corps, daté du 5 août,
5 h. 30 du soir (1), prescrit en effet que les troupes de la
division Lespart se concentreront sur la route de Wissembourg à l'Est de Bitche, « au fur et à mesure qu'elles
« seront relevées (le 6 août), dans les positions qu'elles
« occupent » par celles de la division Goze. Un régiment
de cette dernière devait rester à la ferme Freudenberg
jusqu'à l'arrivée de la brigade de Maussion en ce point.

Ainsi, le souci de ne pas laisser les environs de Bitche
sans troupes, ne fût-ce que pendant quelques heures, et
la préoccupation d'occuper « la position » de la ferme
Freudenberg l'emportaient sur la recommandation du
maréchal de Mac-Mahon : « C'est de la dernière urgence ».

N'était-ce pas le cas, tout au contraire, de profiter de
l'échelonnement des trois divisions sur la route de
marche pour gagner du temps ?

Quoi qu'il en soit, les hésitations du commandant du
5ᵉ corps allaient être définitivement levées, semble-t-il,
par la réception, à 11 heures du soir, de la dépêche ci-
après du maréchal de Mac-Mahon expédiée à 8 h. 10 (2).

« Venez à Reichshoffen avec tout votre corps d'armée,
« le plus tôt possible : nous manquons de vivres et, si
« vous avez à Bitche des approvisionnements, formez
« un convoi spécial de vivres de toute nature, que vous

---

(1) Ayant pour but de porter la division de Lespart sur Lembach.

(2) On n'a pu retrouver pour quelle raison cette dépêche n'était parvenue qu'à 11 heures, tandis qu'une autre, qui la précédait de dix
minutes, était arrivée à 8 h. 45.

« mettrez au chemin de fer et qui arrivera cette nuit. Vos
« troupes viendront par la grande route et j'espère que
« vous me rallierez dans la journée, demain. Accusez-
« moi réception (1). »

Le premier ordre de mouvement fut annulé en conséquence et remplacé par le suivant, qui, loin d'échelonner la division en vue de la marche rapide du lendemain, la concentrait au préalable :

« Les troupes de la division de Lespart, campées au
« Nord de Bitche, qui devaient se concentrer seulement,
« après avoir été relevées par la division Goze, se
« concentreront sans attendre ce mouvement. Les corps
« prendront le café après la diane ; une heure et demie
« après ils se mettront en marche..... »

En même temps, le général de Failly réunit un conseil
de guerre relativement aux vivres demandés par le
maréchal de Mac-Mahon. La place de Bitche en étant
dépourvue et la gare n'ayant pas le matériel nécessaire
pour en transporter, la dépêche suivante fut adressée à
4 heures du matin, au général Montaudon, à Sarreguemines.

« Suivant les événements qui se sont passés à Blies-
« brücken (2) et les renseignements que vous pourrez
« avoir, veuillez transmettre l'ordre au général Lapasset
« de laisser son convoi à Sarreguemines. Envoyez les
« denrées sans les voitures, par un convoi du chemin de

---

(1) Le général Ducrot se trompe donc quand, dans une note, il
affirme que, le 5, le maréchal de Mac-Mahon « attachait peu d'impor-
« tance à l'arrivée immédiate du 5e corps » et lui avait donné des
ordres manquant de précision. Le dernier, en tout cas, ne laissait aucun
doute.

(2) Le général de Maussion avait télégraphié au général de Failly :
« La gare de Bliesbrücken est occupée par un détachement de cavalerie
« prussienne. Ils ont coupé les fils télégraphiques des deux côtés de la
« station ». C'est sans doute à cet incident que le général de Failly
fait allusion.

« fer, dès qu'il sera réparé, sur Reichshoffen. Vous
« apprécierez si le général Lapasset, avec la brigade
« débarrassée de son convoi peut rejoindre sûrement
« Bitche. Si vous avez des doutes, maintenez-le à Sar-
« reguemines et donnez-moi avis de votre décision à
« Bitche. Même ordre pour le 3ᵉ lanciers, qui doit suivre
« la destinée du général Lapasset (1). »

Vers 3 heures du matin, le général de Failly avait
envoyé au maréchal de Mac-Mahon, une dépêche ainsi
conçue « en réponse à son ordre de mouvement sur
« Reichshoffen (2) » :

« Je ne puis disposer que d'une division ; je la réunis
« et je la dirige sur Reichshoffen. Il est possible qu'elle
« soit obligée de s'arrêter à Niederbronn. Je vous
« envoie, faute d'approvisionnements, la réserve de la
« 3ᵉ division par chemin de fer. Elle partira seulement
« demain. Je donne des ordres pour former un second
« convoi. Bliesbrücken est occupé par l'ennemi. Le télé-
« graphe de Sarreguemines est coupé. »

Ainsi, le commandant du 5ᵉ corps s'en tenait à son
télégramme de 6 heures du soir et répétait au maréchal
de Mac-Mahon qu'il ne pouvait disposer que d'une division, bien qu'il y en eût, en réalité, une autre, sinon à
Bitche, du moins aux environs immédiats de cette ville ;
et malgré l'injonction nette et urgente, qu'il venait de

---

(1) Par un télégramme antérieur, le général de Failly avait prescrit
au général Lapasset de ne pas voyager la nuit et de ne partir que le
lendemain matin (6 août) si le général Montaudon n'arrivait pas à
temps.

Le général Lapasset avait rendu compte au général de Failly qu'il se
mettrait en route le 6 août, à 4 heures du matin, et coucherait à Rohrbach.

(2) Journal de marche du 5ᵉ corps (capitaine de Piépape). On remarquera qu'entre l'arrivée du télégramme du maréchal de Mac-Mahon et
l'expédition de la réponse, il s'était écoulé quatre heures. Ce télégramme semblait devoir comporter une réponse immédiate.

recevoir à 11 heures du soir, il n'envoyait à Reichshoffen que la seule division de Lespart.

Le Journal de marche du 5ᵉ corps donne, pour justifier cette détermination, les motifs ci-après :

« Pour rester en communication, autant que possible,
« avec le 2ᵉ corps, ainsi qu'il en a reçu l'ordre formel,
« le général de Failly, tout en cherchant à se conformer
« aux instructions du maréchal de Mac-Mahon, croit
« qu'il est de son devoir de rester maître de Bitche où
« il s'attend à être attaqué d'un moment à l'autre, et
« aussi d'attendre l'arrivée de la division de l'Abadie et
« de l'artillerie de réserve qu'il ne peut abandonner. Il
« prend donc ses mesures en conséquence, en ne con-
« servant en position que le strict nécessaire, une divi-
« sion, la 1ʳᵉ. Il envoie l'autre, la 3ᵉ, au maréchal ; la 2ᵉ
« (l'Abadie) est encore, comme nous l'avons vu, répar-
« tie entre Sarreguemines et Rohrbach. Le général
« croit donc avoir agi pour le mieux et s'être scrupuleu-
« sement conformé à ce que lui dictaient les circon-
« stances qu'il pouvait seul apprécier en ce moment,
« car, d'un côté, il venait en aide au Maréchal autant
« qu'il le pouvait, et, de l'autre, il sauvegardait l'exi-
« stence de ses propres troupes (1). »

Il semble qu'à ces arguments, on puisse opposer les objections suivantes :

1º Il est vrai que, le 4 août, il avait été question de laisser une division du 5ᵉ corps en contact, à Sarreguemines, avec le 2ᵉ corps, mais cet ordre avait été modifié puisque le même jour, à 5 h. 50 du soir, le général de Failly télégraphiait lui-même au général Frossard que, par ordre de l'Empereur, il allait appuyer avec ses deux divisions celle qui était à Bitche. En outre, le Major

---

(1) Journal de marche du 5ᵉ corps, rédigé par le colonel Clémeur et approuvé par le général de Failly.

général, dans une dépêche qu'il expédiait au 5e corps,
le 5 août, à 4 heures du soir, écrivait :

« L'Empereur vous renouvelle la recommandation de
« vous mettre en communication avec le Maréchal et
« de vous conformer à ses ordres. »

D'ailleurs, dans les différents télégrammes que le
général de Failly adresse au maréchal de Mac-Mahon, il
ne fait pas mention une seule fois de l'obligation où il
se serait trouvé de rester en communication avec le
2e corps.

2° Il importait peu que le 5e corps restât ou non maître
de Bitche, place qui a montré, du reste, qu'elle savait
se défendre seule. Il s'agissait pour lui d'aller à Reichshoffen sans retard et rien ne devait le détourner de la
poursuite de ce but, ni les rapports des espions signalant la présence de forces ennemies dans la direction de
Deux-Ponts et à Pirmasens (1), ni les craintes des popu-
lations, ni les considérations géographiques ou topogra-
phiques. Si la marche présentait quelque danger, il eût
été facile d'y faire face au moyen d'une simple flanc-
garde.

3° S'il était impossible d'amener à Reichshoffen la
division de l'Abadie le 6 août, du moins pouvait-on
chercher à donner satisfaction au maréchal de Mac-
Mahon, autant que la situation des troupes le 5 août au
soir le permettait. Or, les divisions Goze et Guyot de
Lespart et l'artillerie de réserve étaient disponibles à cet
égard et en mesure de rejoindre le 1er corps dans la
matinée du 6.

----

(1) Journal de marche du 5e corps et ordre de la division Goze,
5 août. « Sans croire à ce renseignement, dit ce dernier document, le
« général en chef n'en rappelle pas moins de prendre les précautions
« que nécessite notre position vis-à-vis d'un ennemi très bien renseigné
« et assez audacieux pour savoir profiter de toutes les occasions que lui
« livrent notre *insouciance* et notre *incurie*. »

4° Il n'y avait nullement lieu d'attendre l'arrivée à Bitche de la division de l'Abadie, car celle-ci ne pouvait s'y trouver réunie que le 8 août (1) et l'ordre du maréchal de Mac-Mahon disait : « Venez à Reichshoffen « avec tout votre corps d'armée *le plus tôt possible* ».

5° Le 5ᵉ corps ne venait pas en aide au 1ᵉʳ « autant « qu'il le pouvait », car il ne lui envoyait qu'une division, au lieu de deux dont il pouvait disposer immédiatement.

6° « L'existence » des troupes du 5ᵉ corps n'était pas en cause par le mouvement vers Reichshoffen. Il suffisait d'ordonner à la brigade de Maussion de se porter le 6 sur Bitche (2), d'où elle se replierait sur Niederbronn ou sur Lemberg, si l'ennemi l'y forçait, et rallierait le 7 le gros du 5ᵉ corps à Reichshoffen. Quant à la brigade Lapasset, elle aurait pris l'itinéraire : Saar-Union, Lorentzen, la Petite-Pierre. Au contraire, les dispositions prises par le général de Failly, qui laissait la division Goze isolée à Bitche, avaient pour effet de placer celle-ci dans une situation précaire.

Les raisons invoquées par le Journal de marche du 5ᵉ corps, semblent donc inadmissibles. En réalité, par une erreur de doctrine sur la couverture, qui abolissait en quelque sorte toute liberté de manœuvre, le général de Failly voulut à la fois venir en aide au 1ᵉʳ corps, couvrir Bitche, garder « la position de la ferme Freuden-« berg, protéger le chemin de fer et la trouée de Rohr-« bach (3) ». Il crut satisfaire ainsi à toutes les conditions au lieu de les subordonner à l'idée maîtresse de la situation, à la mission qui lui était assignée : venir à

---

(1) La brigade Lapasset devant partir de Sarreguemines le 6 au matin et se rendre à Bitche en deux jours.

(2) Marche de 15 kilomètres seulement à cause de l'état de fatigue où se trouvait cette brigade qui avait passé toute la nuit sous les armes.

(3) Général de Failly, *Opérations et marches du 5ᵉ corps*, page 14.

Reichshoffen, le plus tôt possible, avec tout son corps
d'armée. Il devait tout tenter pour remplir cette mission,
même si l'ennemi avait cherché à s'y opposer; il n'y
parvint pas, même en l'absence de l'adversaire. La responsabilité en incombe, non pas tant au commandant du
5ᵉ corps qu'aux doctrines surannées qui régnaient alors
dans l'armée française et d'après lesquelles une trouée,
une vallée, un nœud de routes, un plateau, possédaient
des vertus propres, une valeur intrinsèque, au détriment
du mouvement et de la réunion des forces pour la bataille. A cette cause, se joignait l'absence de la faculté de
manœuvre que seuls peuvent procurer des avant-postes
stratégiques ou tactiques (1). Ainsi s'explique-t-on que
le général de Failly n'ait pas pris les mesures suivantes
à la réception, à 11 heures du soir, de l'ordre formel du
maréchal de Mac-Mahon :

La division de Lespart, — qui est restée immobile le
5 août, — partira à 3 heures du matin pour Niederbronn,
par Eguelsberg, en utilisant toute la largeur de la route
pour diminuer la longueur de la colonne. Elle fournira
une flanc-garde d'un régiment, une batterie, un escadron, qui sera établie à la Main-du-Prince (route de
Wissembourg), à 3 heures du matin, et y restera jusqu'à
6 heures. Les réserves d'artillerie et du génie, escortées
par un bataillon de la brigade de Maussion et par le
5ᵉ lanciers (moins un escadron laissé à la disposition de
cette brigade), se présenteront à Bitche à 4 h. 30 du
matin et suivront la division de Lespart, en colonne par

---

(1) En 1792 et 1794, les Autrichiens se plaçaient de même en couverture sans profondeur le long de la ligne Mons ou Valenciennes et
Tournai. Aussi ne purent-ils jamais arriver à temps pour s'opposer à
la marche de Lückner et de Pichegru par la vallée de la Lys. C'est sur
la connaissance de cette doctrine, en vigueur dans l'armée autrichienne,
que le Premier Consul avait fondé en partie son plan pour les opérations en Allemagne en 1800.

section. Le bataillon restera à Bitche (1). La division Goze rompra derrière la réserve du génie, à 5 heures du matin, dans la même formation que la division de Lespart.

Toute la cavalerie prendra la tête de la colonne, sauf le 5e lanciers, qui restera à l'arrière-garde avec les troupes placées primitivement en flanc-garde à la Main-du-Prince.

La distance de Bitche à Reichshoffen étant de 24 kilomètres, la tête de la division de Lespart arrivait sur le champ de bataille le 6 août, à 9 heures du matin, la réserve d'artillerie à 10 h. 30, la tête de la division Goze à 11 heures. A 1 heure de l'après-midi, le 5e corps tout entier, moins la division de l'Abadie et le 3e régiment de lanciers, pouvait être rassemblé à Reichshoffen, à la disposition du maréchal de Mac-Mahon.

*
* *

Le Bulletin de renseignements n° 12, du 5 août, du grand quartier général, annonce que le roi de Prusse, accompagné de M. de Bismarck, a établi son quartier général, le 2 août, à Mayence, où le prince Frédéric-Charles, commandant la IIe armée, serait arrivé dès le 28 juillet. L'armée qui a attaqué la division Douay le 4 août est commandée par le prince royal de Prusse et, « d'après une dépêche prussienne, les troupes qui ont « combattu appartenaient aux Ve et XIe corps prussiens, « et à un corps d'armée bavarois (2) ». Contrairement aux renseignements qui avaient été reproduits dans de

---

(1) Où la brigade de Maussion devait se rendre dans la journée.

(2) Cette dépêche prussienne confirmait l'estimation numérique qu'avait faite le maréchal de Mac-Mahon des forces de la IIIe armée dans l'après-midi du 4 août, depuis l'observatoire du col du Pigeonnier.

précédents bulletins, c'est le général Steinmetz et non
le prince Frédéric-Charles qui a passé la nuit du
2 août à l'usine de la Quinte, près de Trèves, et qui a
pris la direction des opérations sur la Sarre. L'armée
dont il a le commandement, et dont la force est évaluée
à 100,000 hommes, se trouverait concentrée au Nord
de Sarrebrück, à portée de canon des positions du
2e corps (1).

Le nombre des troupes prussiennes continue à augmenter sur la basse Sarre; tous les villages entre Conz et
Sarrelouis seraient bondés de soldats. On y signale beaucoup d'hommes appartenant au VIIe corps; toute l'infanterie du VIIIe corps s'arrête dans le Koellerthal, à
l'Ouest de Duttweiler, ainsi qu'à Jægersfreude. On
attend sur la Sarre le général de Voigt-Rhetz, avec un
corps considérable. La circulation est très active entre
Trèves et Sarrelouis—Sarrebrück : la première de ces
villes est complètement dégarnie de troupes. « Le bruit
« court chez les Prussiens, depuis plusieurs jours déjà,
« d'une offensive prochaine de leur part. » D'autre part,
le Major général pense qu'il y a exagération dans l'évaluation des forces prussiennes signalées sur la rive droite
de la Sarre (2).

Un espion, arrivé de Saint-Ingbert et de Deux-Ponts,
rapporte que, dans cette dernière ville, on attend l'état-
major du IVe corps d'armée, qui doit se concentrer
dans cette région et s'y réunir à des troupes bavaroises.
Le 27e régiment d'infanterie, qui appartient en effet au
IVe corps, se trouverait déjà à Deux-Ponts. On signale
le passage à Kreuznach de nouveaux régiments du

---

(1) Journal de marche de la division de Laveaucoupet.

(2) Le maréchal Le Bœuf aux commandants des 2e, 3e, 4e corps
(D. T.). Metz, 5 août, 10 heures du soir. D'après un agent de Thionville, ces forces seraient évaluées tantôt à 40,000 ou 50,000, tantôt à
60,000 hommes. (Voir Documents annexes, Renseignements.)

IIIe corps, venant de Bingen ; « les trois batteries à
cheval de ce corps d'armée seraient à Neunkirchen ».
La destination du XIIe corps saxon n'est pas encore très
connue. Un agent de Thionville rapporte le bruit de la
concentration de 90,000 hommes, entre le Rhin et Conz,
commandés par le prince Frédéric-Charles.

Le Bulletin de renseignements du 2e corps mentionne,
d'après le rapport d'un espion, la présence à Duttweiler
de forces ennemies nombreuses, commandées par le
général Steinmetz, dont un détachement comprenant
les trois armes occuperait le château d'Eschberg, au
S.-S.-O. de Scheidt, et un autre détachement se trouverait à l'Est de la hauteur boisée du Halberg (N. de Brebach). Le prince Frédéric-Charles serait à Neunkirchen,
« communiquant avec Bingen, où se trouverait le point
« de concentration général des armées prussiennes ».
De Neunkirchen à Duttweiler, « au dire des employés de
« la gare de Saint-Jean, toutes les forêts sont pleines
« d'infanterie, de cuirassiers, de uhlans, de chasseurs ».
Un autre espion signale une batterie de douze pièces à
la ferme de Witringer-Hof (N.-O. de Bliesransbach),
gardée par un bataillon de chasseurs, et une autre batterie sur la hauteur d'Eschberg. Il confirme la présence
d'infanterie ennemie dans les forêts au Nord de Sarrebrück, — ce seraient, d'après le général Bataille, les
40e et 69e régiments d'infanterie ; — enfin il a vu, à
Duttweiler, un régiment de cuirassiers et un régiment de
dragons ; à Hirschbach, un régiment de uhlans et le
5e hussards.

« Entre Blieskastel et Hombourg, dit d'autre part une
« note du 2e corps, il doit y avoir 20,000 hommes. »

« Les renseignements des 2 et 3 août, bien qu'en
« partie contradictoires, semblent indiquer, dit le Bul-
« letin du grand quartier général, qu'il y a peu de
« troupes sur le haut Rhin et que la majorité de l'armée
« du Sud se concentre sur le bas Rhin. Les événements

« d'hier confirment cette présomption. Toutefois, on
« signale encore la présence de 6,000 Würtembergeois à
« Kandern, ainsi que des concentrations aux environs de
« Neuenburg et entre cette localité et Müllheim. On croit
« aussi qu'à Lörrach et sur le plateau de Tüllingen se
« trouvent quelques détachements peu nombreux. »

De l'ensemble de ces renseignements, le grand quartier général français pouvait conclure, suivant toute
apparence, à la possibilité d'une attaque prochaine dans
la région Sarrelouis, Sarrebrück, Sarreguemines.

Le combat de Wissembourg avait montré, d'ailleurs,
que les Prussiens étaient prêts à ouvrir les opérations en
Alsace ; et rien n'autorisait à croire que les masses
signalées sur la Sarre fussent en retard dans leurs préparatifs.

Telle semble avoir été, en effet, l'impression de l'Empereur (1). Dès lors, il n'y avait pas un instant à perdre
pour assurer la coopération dans une bataille des 2e, 3e,
4e corps et de la Garde d'une part, et des 1er, 5e et 7e de
l'autre, avec manœuvres intérieures de l'armée de Lorraine vers celle d'Alsace ou inversement, suivant la
région où l'adversaire manifesterait d'abord sa présence.

*
* *

Le quartier général de la 1re armée allemande reçut,
dans la journée du 5 août, de Sarrelouis, un rapport
constatant que, « depuis le 4, on remarquait à Sierck et
« autour de la ville de continuelles allées et venues de
« troupes, et que l'ennemi s'était renforcé autour de
« Colmen, dans la vallée de la Nied » (2). D'autre part,
des renseignements dignes de foi annonçaient « unani-

---

(1) Voir page 14, note (3).
(2) Von Schell, *Opérations de la 1re armée*, page 32.

« mement la retraite de l'ennemi vers le Sud (1) ». On se préoccupa néanmoins de protéger la vallée de la basse Sarre, la place de Sarrelouis et les approvisionnements qu'elle renfermait contre des coups de main, d'autant plus « qu'on avait rappelé dès le 4 août les déta- « chements de couverture de la Ire armée, primitivement « envoyés de ce côté » (2). Le général Steinmetz s'était déjà entendu d'ailleurs à ce sujet avec le gouvernement de Coblentz pendant son passage dans cette ville. Il avait été décidé qu'une brigade mixte, fournie par ce gouvernement et composée de 5 bataillons, 1 escadron (3), 1 batterie, arriverait le 8 août à Wittlich. Le commandant de la Ire armée ordonna de la diriger sur Trèves, puis sur la basse Sarre, qu'elle couvrirait de concert avec la garnison de Sarrelouis.

Les nouvelles reçues de Saint-Jean ne signalaient aucun changement notable dans la situation. Dans la nuit du 4 au 5, l'ennemi avait canonné et brûlé les bâtiments de la gare ; dans la journée du 5, les pièces en batterie avaient été retirées et les forces françaises paraissaient diminuer. « On attribuait ces modifications « à la victoire remportée la veille à Wissembourg (4). »

La Ire armée reçut le 5 août le 1er échelon (3e cuirassiers et 12e uhlans) de la 1re division de cavalerie qui lui était attribuée. Le Ier corps d'armée, qui devait, de ses points de débarquement de Birkenfeld et de Kaiserslautern, se réunir à la Ire armée dans le triangle Tholey — Saint-Wendel — Türkismühle, avait déjà dans la soirée la 1re division d'infanterie à Birkenfeld (moins 1 bataillon et 1 batterie), la 2e division à Kaiserslautern (moins le

---

(1) Von Schell, *loc. cit.*, page 33.
(2) *Ibid.*, page 32.
(3) *Historique du Grand État-Major prussien*, 2e livraison, page 150. L'ouvrage de von Schell dit quatre escadrons.
(4) *Ibid.*, page 151.

44ᵉ régiment d'infanterie, qui continuait son trajet jusqu'à Neunkirchen) (1). Les VIIᵉ et VIIIᵉ corps conser-
vèrent, le 5, leurs emplacements du 4 et purent « ainsi
« jouir d'un repos devenu fort nécessaire » (2). Mais
leurs cantonnements, qui s'étendaient depuis Tholey
jusqu'au delà d'Ottweiler, vers le sud, empiétaient sur
les lignes de marche de la IIᵉ armée (3) et le général
Steinmetz n'avait pas cru devoir déférer au désir du
prince Frédéric-Charles en les reportant vers l'Ouest,
avant d'avoir reçu les réponses aux télégrammes qu'il
avait adressés le 4 août au maréchal de Moltke et au
Roi (4). De son côté, le commandant de la IIᵉ armée
avait également soumis le litige au grand quartier général, qui expédia, à midi 30, au général Steinmetz et au
prince Frédéric-Charles la dépêche suivante : « La route
« Saint-Wendel—Ottweiler—Neunkirchen doit être éva-
« cuée demain par la Iʳᵉ armée..... (5). »

D'après l'*Historique du Grand État-Major* prussien,
le général Steinmetz ne pouvait, pour exécuter cet ordre,

---

(1) Le 1ᵉʳ corps fut définitivement rattaché à la Iʳᵉ armée le 5 août.
(*Correspondance militaire du maréchal de Moltke*, n° 106), et Neunkirchen
lui fut désigné comme point de débarquement. Il avait effectué son
transport partie par la ligne de la Nahe, partie par celle du Palatinat,
sur Hombourg.

(2) Von Schell, *loc. cit.*, page 34.

(3) D'après von Schell, le général Steinmetz reçut dans la journée du
5 août communication de l'ordre général de la IIᵉ armée du 4 août par
l'intermédiaire du commandant du IIIᵉ corps, à qui il avait fait demander des renseignements sur les mouvements ultérieurs. Cet ordre
général aurait dû lui parvenir par les soins du commandant de la
IIᵉ armée.

L'*Historique du Grand État-Major prussien* ne dit pas par quelle voie
cet ordre lui est arrivé et mentionne le fait ainsi : « Le général avait
« entre les mains une copie des ordres donnés par le commandant en
« chef de la IIᵉ armée..... » (2ᵉ livraison, page 152.)

(4) 5ᵉ fascicule, page 278.

(5) *Correspondance militaire du maréchal de Moltke*, nᵒˢ 106 et 108.

se borner à dégager la route indiquée. Les troupes qu
la quitteraient pour appuyer à l'Ouest rencontreraient
des cantonnements déjà occupés ; en outre, il fallait encore se préoccuper de l'établissement du 1er corps et de
la Ire division de cavalerie, qui rejoignaient la Ire armée
venant surtout de Birkenfeld.

« Le général Steinmetz se décidait donc à entre-
« prendre, dans la journée du 6, une translation géné-
« rale des cantonnements des VIIe et VIIIe corps et
« de la 3e division de cavalerie dans la direction du
« Sud-Ouest, ce qui ramènerait de nouveau l'armée à
« une marche de la Sarre, tout en ménageant, sur le
« flanc droit de la IIe armée, un espace suffisant pour
« lui assurer sa liberté de manœuvres (1). »

En conséquence, le commandant de la Ire armée donnait, dans la soirée du 5 août, les ordres suivants pour la
journée du 6 :

« L'armée commencera demain son mouvement en
« avant vers la Sarre, savoir : le VIIe corps de Lebach
« portera ses têtes de colonne jusque vers Guichen-
« bach, avec des avant-gardes dans la direction de
« Völklingen et de Sarrebrück. Le VIIIe corps gagnera,
« avec ses têtes de colonne, Fischbach, à l'Ouest de
« Sulzbach, et s'échelonnera en arrière, par Quiers-
« cheidt, jusqu'à Mergweiler. D'après les renseigne-
« ments reçus, le IIIe corps, de la IIe armée, doit venir
« demain aux environs de Bildstock. La 3e division de
« cavalerie se dirigera sur Labach, à 8 kilomètres au
« Sud-Ouest de Lebach, et couvrira le flanc droit de
« l'armée. Le quartier général se transportera demain à
« Hellenhausen. La démarcation sera constituée, savoir :
« entre le VIIIe et le IIIe corps, par la voie ferrée de la
« Nahe jusqu'à Landsweiler, et, au delà, par la ligne

_____

(1) *Historique du Grand État-Major prussien*, 2e livraison, page 152.

« Landsweiler — Mainzweiler ; entre le VIIIe et le VIIe
« corps, par la ligne Russhütte — Wiesbach — Eppelborn ;
« entre le VIIe corps de la 3e division de cavalerie, par la
« ligne Sprengen — Lebach. Le 1er corps d'armée et la
« 1re division de cavalerie sont définitivement rattachés
« à la Ire armée. »

En effectuant ainsi un mouvement en avant vers la
Sarre, le général Steinmetz contrevenait aux instructions du grand quartier général (télégramme du 4 août,
midi), qui lui prescrivaient de « rester jusqu'à nouvel
ordre » sur les emplacements qu'il occupait (1). N'y
avait-il pas à cette détermination d'autres causes que
celles présentées par l'*Historique du Grand État-Major*
comme une sorte de justification ? Ce document ne mentionne pas un motif qui a dû peser d'un certain poids
dans la décision du général Steinmetz, et qui est le seul,
d'ailleurs, qu'il invoque dans un télégramme adressé au
Roi, à 10 heures du soir :

« Conformément à la dépêche de ce jour, la route
« Saint-Wendel — Ottweiler — Neunkirchen sera éva-
« cuée. *Dans le but de ne pas rester derrière la IIe armée*,
« la Ire armée portera le VIIIe corps sur Fischbach, au
« Sud-Ouest de Sulzbach ; le VIIe corps, sur Guichen-
« bach ; la 3e division de cavalerie couvrant le flanc droit
« de l'armée (2). »

Une expédition de ce télégramme fut envoyée au
prince Frédéric-Charles et le commandant du IIIe corps
fut informé par le général Steinmetz des dispositions
prévues pour le lendemain à la Ire armée.

« On sait, dit l'*Historique du Grand État-Major*, que
« ces mouvements de la Ire armée amenaient, comme

---

(1) *Correspondance militaire du maréchal de Moltke*, n° 102.
(2) Cardinal von Widdern. *Die Führung der 1 und II Armee und
deren Vortruppen*, page 139. Le général de Woyde fait observer qu'il
eût été plus exact de dire : « Dans le but de se trouver toujours en

« conséquences ultérieures, la bataille du 6 août. Il est
« presque superflu d'ajouter que telles n'étaient pas les
« intentions du général Steinmetz..... L'envoi d'avant-
« gardes vers la Sarre n'était motivé que par des consi-
« dérations de prudence à l'égard d'un adversaire que
« l'on devait supposer encore en forces derrière la
« rivière (1). »

Il n'en est pas moins vrai que le général Steinmetz
savait que « l'on projetait une offensive générale » (2),
qu'il avait été informé, d'autre part, par le général de
Gœben, « que les forces ennemies au Sud de Sarrebrück
diminuaient visiblement » (3), qu'enfin « les considérations de prudence » devaient être d'ordre secondaire
pour le commandant de la Iʳᵉ armée qui, depuis l'ouver-
ture des opérations, manifestait son désir d'en venir

« avant de la IIᵉ armée ». (*Causes des succès et des revers dans la guerre
de 1870*, page 35.)

Le carnet de campagne personnel du quartier-maître supérieur de
la Iʳᵉ armée (colonel de Wartensleben) s'exprime ainsi à la date du
5 août :

« On prend la résolution de se porter sur la Sarre, car, sans ce mou-
« vement, l'armée du prince Frédéric-Charles nous devancera sur la
« gauche ». (Cardinal von Widdern, *loc. cit.*, page 139.)

(1) *Historique du Grand État-Major prussien*, 2ᵉ livraison, page 153.
« Il n'était nullement dans les intentions du général de Steinmetz
« d'attaquer la forte position occupée par l'ennemi devant Sarrebrück
« depuis le 2 août ; dans sa pensée, la répartition des troupes ordonnée
« pour le 6 n'avait pour but que de préparer l'occupation de la position
« comprise entre Sarrelouis et Völklingen, position qu'il pensait
« occuper plus tard, et le fait d'envoyer une avant-garde du côté de
« Sarrebrück ne témoignait que de l'intention de se couvrir contre
« l'ennemi établi dans cette position. » (Von Schell, *Opérations de la
Iʳᵉ armée*, page 37.)

(2) *Correspondance militaire du maréchal de Moltke*. Télégramme
nº 94 du 3 août au général Steinmetz, et télégramme du 5 août du
général Steinmetz au Roi, page 249.

(3) D'Ottweiler, 5 août, 2 heures après-midi.

promptement aux mains avec l'adversaire (1). « Les faits
parlent ici d'eux-mêmes (2). »

D'où provenait cette « divergence dans les apprécia-
« tions et dans les vues immédiates du grand quar-
« tier général et du commandant en chef de la Iʳᵉ ar-
« mée ? » (3). Du tempérament impétueux de ce dernier
sans doute, mais aussi de ce que, inconsciemment
peut-être, le général Steinmetz continuait à attribuer à
son armée, la première concentrée et la moins éloignée
de l'ennemi, le rôle d'avant-garde auquel elle semblait
naturellement destinée. Il lui manquait toutefois, pour
le remplir en toute connaissance de cause, deux éléments
essentiels : des données précises sur les projets du géné-
ralissime et la libre disposition des 5ᵉ et 6ᵉ divisions de
cavalerie. A vrai dire, le maréchal de Moltke n'avait
pas prévu d'avant-garde générale, mais il lui appartenait
de fixer nettement le commandant de la Iʳᵉ armée sur
ses intentions par des « directives » que celui-ci avait
vainement demandées (4).

Le grand quartier général n'avait pas cru « pouvoir
« donner des instructions s'étendant au delà de la
« période immédiate » (5) et l'*Historique du Grand*

---

(1) « La cause principale de l'offensive prématurée de la Iʳᵉ armée
« réside dans le caractère propre du général Steinmetz..... Il y a
« lieu de faire ressortir cette particularité qui montre combien il est
« important de s'occuper, dès le temps de paix, de l'étude du carac-
« tère des personnalités militaires qui, dans une guerre, pourraient
« devenir les chefs d'armée de l'adversaire..... Etant données les
« particularités de caractère du général Steinmetz, il fallait en tenir
« compte, aussi bien en l'élevant au poste important de chef d'armée
« que dans les relations futures qu'on devait forcément avoir avec lui,
« en raison de la haute situation qu'il occupait. » (De Woyde, *loc.*
cit., page 37).

(2) De Woyde, *loc. cit.*, page 36.

(3) *Historique du Grand État-Major prussien*, 2ᵉ livraison, page 153.

(4) *Ibid.*, pages 154 et 155.

(5) *Ibid.*, page 155.

État-Major prussien reconnaît que « lorsque, dans la
« soirée du 5 août, le général Steinmetz prescrivait le
« mouvement vers la Sarre, ces plans ultérieurs de l'au-
« torité supérieure lui étaient inconnus, parce qu'ils
« étaient eux-mêmes encore subordonnés aux événe-
« ments. »

Cependant, le général Steinmetz n'en demeure pas
moins responsable d'avoir contrevenu aux instructions du
maréchal de Moltke, du 4 août, et même à celle de ses
intentions, qui lui étaient très probablement connues, de
ne pas franchir la Sarre avant le 9 août (1). Cette responsabilité s'aggrave encore du fait de n'avoir tenu
aucun compte de la réponse qu'il reçut le 6 août, à
2 h. 30 du matin (2), au télégramme adressé le 5 août,
1 heure du matin, au Roi (3).

Quartier général, Mayence, 5 août 1870, midi.

« On fait connaître au commandant en chef de la
« Iʳᵉ armée que, quoique les corps de tête de la IIᵉ armée
« atteignent dès le 6 de ce mois la ligne Neunkirchen—
« Deux-Ponts, la concentration de cette armée n'en sera
« pas moins terminée à la date du 7 août seulement : les
« troupes de cette armée devront, autant que possible,
« jouir le 8 août d'une journée de repos.....

« Dans cet état de choses, il sera avantageux que la

---

(1) *Correspondance militaire du maréchal de Moltke*, nᵒ 103. Au commandant en chef de la Iʳᵉ armée. Mayence, le 4 août, midi.

Il n'est pas certain que le général Steinmetz ait été en possession de
cette lettre le 5 août avant d'avoir donné son ordre de mouvement.
Toutefois, cela est bien probable, car la lettre nᵒ 107, dont il sera
question ultérieurement, est datée de Mayence, le 5 août, à midi, et
l'on sait, par le colonel Cardinal von Widdern, qu'elle est parvenue au
quartier général de la Iʳᵉ armée dans la nuit du 5 au 6.

(2) Cardinal von Widdern, *loc. cit.*, pages 146 et 148.

(3) Voir, pour ce télégramme, le 5ᵉ fascicule, page 280.

« Ire armée conserve d'une façon générale, aujourd'hui
« et demain, ses emplacements actuels et qu'elle se
« borne à évacuer complètement la route Saint-Wendel
« — Ottweiler—Neunkirchen..... Le 7 août, la Ire armée
« se mettra en mouvement..... pour être prête à fran-
« chir cette rivière à partir du 9 août, entre Sarrelouis
« et Völklingen, et à prendre éventuellement l'offensive
« contre le flanc gauche de l'adversaire que la IIe armée
« aborderait de front..... (1). »

Le général Steinmetz aurait eu le temps, le 6 août, à
2 h. 30 du matin, de contremander le mouvement qu'il

---

(1) *Correspondance militaire du maréchal de Moltke*, n° 107.

Antérieurement à cette lettre, le maréchal de Moltke en avait
expédié une autre, datée de Mayence, 5 août, 6 heures du matin, qui
était la réponse au télégramme qu'il avait reçu de Saint-Wendel, le
4 août au soir, du général de Steinmetz, demandant des explications
sur le maintien, jusqu'à nouvel ordre, de la Ire armée sur ses emplacements actuels. (5e fascicule, page 278.)

Cette réponse était conçue en termes moins formels que la lettre
ci-dessus du 5 août, midi. Cependant, elle orientait suffisamment le
général Steinmetz par les passages suivants : « Le rôle prévu pour la
« Ire armée..... consiste en une attaque tout à fait décisive dirigée
« dans la bataille contre le flanc gauche de l'ennemi. Cette attaque ne
« doit naturellement pas avoir lieu isolément, mais seulement de con-
« cert avec la IIe armée..... Encore aujourd'hui, il se peut que le
« choc ait lieu sur la ligne Ottweiler—Hombourg. La Ire armée se
« trouve donc, à Tholey, à sa vraie place.

« Ce n'est que lorsque la IIe armée se sera rapprochée de la Sarre
« qu'il sera temps pour la Ire armée de franchir cette rivière. Une offen-
« sive partielle, exécutée contre un ennemi qui semble avoir étroite-
« ment concentré toutes ses forces, ne pourrait conduire qu'à un
« désastre..... » (*Correspondance militaire du maréchal de Moltke*,
n° 105).

Le colonel Cardinal von Widdern fait observer très justement
que le maréchal de Moltke aurait dû donner tous ces renseignements
sur ses projets dès le 31 juillet, en même temps qu'il envoyait à la
Ire armée l'ordre de se rassembler sur la ligne Wadern—Losheim, ou
tout au moins peu de temps après l'exécution du rassemblement. (*Die
Führung der I und II Armee und deren Vortruppen*, page 145.)

avait ordonné à la 1re armée et de le réduire à une nouvelle répartition des cantonnements, pour laisser la route
Saint-Wendel—Neunkirchen à la disposition de la
IIe armée. Mais les instructions du grand quartier
général restèrent pour lui lettre morte. Il n'apporta à
ses prescriptions de la veille aucune modification, bien
que l'intention du maréchal de Moltke fût de diriger la
masse principale des forces de la Ire armée en aval de
Sarrebrück, par les routes Illingen—Völklingen et
Lebach—Sarrelouis (1), et malgré la recommandation
qui lui était faite de ne se mettre en marche vers la
Sarre que le 7 août et de se rapprocher de la rivière
sans éveiller l'attention de l'ennemi (1).

Dès le 5 août, on peut donc formuler sur le général
Steinmetz ce jugement qu'émit le roi de Prusse quelques
jours plus tard : « Il ne m'obéit plus ! » (2).

Cependant on peut invoquer en sa faveur une circonstance atténuante. Le rapport qu'il avait reçu le 5, à
2 heures de l'après-midi, du général de Gœben signalait
« la diminution visible des forces ennemies au Sud de
« Sarrebrück (3) » ; le général Steinmetz en augura
peut-être que les Français exécutaient un mouvement
de retraite et il lui parut judicieux de le contrecarrer en
prenant l'offensive (4). Le colonel Cardinal von Widdern

---

(1) *Correspondance militaire du maréchal de Moltke.* Lettre précitée,
n° 107.

(2) Cardinal von Widdern, *loc. cit.*, page 189.

(3) *Ibid.*, page 137.
Le général de Gœben semble, lui aussi, avoir été très désireux
d'attaquer le plus tôt possible. Dans son rapport au général Steinmetz,
signalant la marche prévue pour le 6 aux IIIe et X^e corps, il ajoute :
« Il nous faudra donc, ou bien rétrograder sur les emplacements que
« nous occupions hier, ou bien être forcés de passer en seconde
« ligne ».

(4) Ce fut l'opinion du grand quartier général qui, dans la soirée
du 5 août, avait télégraphié au commandant de la Ire armée que

rend d'ailleurs hommage à cette éminente qualité que
possédait le général Steinmetz de vouloir à tout prix
arriver au contact de l'ennemi et livrer bataille (1).

Il n'y a donc pas lieu d'être surpris de le voir peu
satisfait des éclaircissements que lui avait envoyés le
grand quartier général par ses deux lettres du 5 août.
A son arrivée à Hellenhausen, le 6 août, il envoya au
maréchal de Moltke une justification de la manière dont
il concevait la mission de la Ire armée et une nouvelle
demande de « directives » pour les opérations ultérieures.

Quartier général, Hellenhausen, 6 août 1870.

« J'ai reçu aujourd'hui, 6 août, à 2 h. 30 du matin,
« la dépêche que Votre Excellence m'a envoyée à la
« date du 5 août.

« J'ai l'honneur de vous répondre, quant au sujet de
« cette dépêche, que je n'avais aucun doute sur l'objet

« l'ennemi paraissant se retirer sur la Sarre, il lui est loisible désor-
« mais de passer la frontière; toutefois, la rivière devra être franchie
« en aval de Sarrebrück, la route qui conduit par cette ville à Saint-
« Avold étant affectée à la IIe armée ». Mais ce télégramme, dit l'*Historique du Grand État-Major prussien*, ne parvint à la Ire armée que dans
la nuit du 7 août. (3e livraison, page 293.)

On observera que la *Correspondance militaire du maréchal de Moltke*
donne ce télégramme sous le n° 112 et à la date du 6 août, 5 h. 45 du
soir.

(1) « Le désir de conduire les troupes au combat n'est pas si
« répandu, dit-il, qu'on le croit généralement. Il ne faut pas seule-
« ment le courage personnel, mais aussi le sentiment de sa valeur au
« point de vue de la direction..... Souhaitons que l'armée allemande
« ne manque jamais de nombreux généraux courageux qui, comme
« Steinmetz, mènent volontiers leurs forces à l'ennemi avec une cer-
« taine passion. En cela, le héros de Skalitz et de Nachod reste un
« brillant exemple. Mais, dans les premiers jours du mois d'août 1870,
« il lui manqua un jugement éclairé et une hardiesse géniale. La
« marche en avant, le désir d'agir en première ligne, avant les autres,
« n'a rien de commun avec cette hardiesse. Celle-ci exige un esprit

« de la mission qui incombait à la Ire armée, tant que
« la IIe armée cherchait à effectuer son déploiement
« stratégique sur la Sarre. Cette mission ne pouvait
« consister qu'à faciliter le mouvement en avant de la
« IIe armée, en détournant de celle-ci et en attirant sur
« la Ire armée (1) les troupes ennemies, et à attaquer
« vigoureusement ces dernières, si la IIe armée ne pou-
« vait plus s'avancer sans combat. C'est dans ce sens
« qu'était projetée la grande reconnaissance qui n'a pas
« été exécutée par suite de l'ordre donné par Sa Majesté
« de marcher sur Tholey ; c'est également à ces consi-
« dérations qu'avait répondu jusqu'ici la position de la
« Ire armée derrière la Sarre — de Sarrebrück à Sarre-
« louis ; — au contraire, la retraite de la Ire armée sur
« Tholey ou éventuellement sur Baumholder, a eu pour
« effet de rendre à l'ennemi toute liberté d'action der-
« rière la Sarre, pour entraver la marche de la IIe ar-
« mée. L'ennemi n'a, jusqu'ici, fait aucun autre usage
« de cette liberté que de se retrancher sur sa position
« Sarrebrück — Forbach ; il semble vouloir s'y laisser
« attaquer. Il s'agit maintenant de savoir si nous vou-
« lons faire ce qu'il veut et comment.

« Les troupes de la Ire et de la IIe armée sont main-
« tenant littéralement coude-à-coude ; elles en arrive-
« raient à se traverser en cas de maintien ultérieur des
« directions de marche de la IIe armée ; en tous cas, la
« Ire armée est gênée dans sa liberté de mouvements.
« Par suite, et comme il était en outre nécessaire de

« supérieur et des vues lointaines, la prévoyance des conséquences
« possibles de l'action entreprise, la poursuite d'un but bien déter-
« miné, l'obtention de certains résultats stratégiques qui constituent
« un gain réel pour la situation générale. » (Cardinal von Widdern,
loc. cit., pages 194 et 195).

(1) En marge, du général de Moltke : « Eût exposé la Ire armée à
une défaite ».

« régulariser le déploiement stratégique des VII° et
« VIII° corps, j'ai pu d'autant moins me borner à éva-
« cuer la route Saint-Wendel — Ottweiler — Neunkir-
« chen (1), que les troupes à pousser vers l'Ouest
« eussent été reportées sur des localités déjà occupées
« par d'autres troupes. On a dû, en somme, procéder à
« un déplacement des cantonnements vers l'Ouest et
« aussi vers le Sud, car il fallait également gagner, au-
« près de Tholey, la place nécessaire pour cantonner
« le I°ʳ corps d'armée et la 1ʳᵉ division de cavalerie,
« mis entre temps sous mon commandement.

« La Iʳᵉ armée, qui avait jusqu'ici à peu près deux
« marches à faire de Tholey jusqu'à la Sarre, s'est main-
« tenant, d'après les dispositions dont il a été rendu
« compte par télégramme, portée à une marche de cette
« rivière. Elle a — dans le cas où la Iʳᵉ et la II° armée
« attaqueraient ensemble l'ennemi derrière la Sarre —
« reconquis la liberté d'action qui lui est nécessaire et
« l'espace qui le lui est également pour déployer ses
« troupes (2). En vue des opérations ultérieures, lorsque
« l'ennemi aura été refoulé de la Sarre, il m'est néces-
« saire de savoir quelle direction d'opération sera don-
« née à la II° armée. Je suppose que ce sera vers Nancy,
« afin que la Iʳᵉ armée ne soit pas rejetée sur les forte-
« resses de la Moselle (3). Que les ordres de Sa Majesté
« soient tels ou bien différents, le motif principal de ma
« communication était de prier de me munir de direc-
« tives en vue des opérations, et je répète ici que ce

---

(1) Deux points d'interrogation de la main du général de Moltke mis
en marge de ces lignes. « Vers l'Ouest » est souligné deux fois.

(2) En marge, du général de Moltke : « Au lieu de prendre en flanc
l'ennemi, elle sera elle-même prise en flanc par Boulay, lorsqu'elle
débouchera de Sarrebrück — Völklingen ».

(3) En marge, du général de Moltke : « On ne peut prévoir les opérations si longtemps à l'avance, quand on est tout près de l'ennemi ».

« n'est qu'en ayant connaissance à temps des intentions
« de Sa Majesté que je pourrai prendre à temps mes
« dispositions. »

*
* *

La IIe armée atteignit le 5 août les emplacements
prescrits par l'ordre général du 4 août, savoir :

IIIe corps....	5e division.......	à Neunkirchen.
	6e division et quartier général...	à Saint-Wendel.
IVe corps....	7e division et quartier général...	à Hombourg.
	8e division.......	à Deux-Ponts (1).

En deuxième ligne :

X^e corps....	19e division......	à Altenglan.
	20e division......	à Küsel.
Garde....................		à l'Ouest de Kaiserslautern jusqu'au delà de Landstuhl.

En troisième ligne :

IXe corps.................... à Otterberg.

XIIe corps.................... à Münchweilér et Enkenbach.

Le quartier général de l'armée était transféré à Kaiserslautern.

Les 5e et 6e divisions de cavalerie conservaient leurs
emplacements du 4 août : le 5 avait été indiqué comme
jour de repos pour tous les escadrons qui ne se trou-

---

(1) La 8e division poussait son avant-garde jusqu'à Ixheim. L'infan-
terie du IVe corps se trouvait donc sur la ligne des 5e et 6e divisions de
cavalerie. Sur l'ordre du général de Bredow, commandant la colonne de
gauche de la 5e division de cavalerie, les escadrons qui étaient aux
avant-postes furent retirés sur toute la ligne. N'était-ce pas plutôt le
cas de les pousser plus avant pour empêcher les Français de reconnaître
que le déploiement stratégique de la IIe armée commençait à s'effectuer ? La réponse n'est pas douteuse. Le mouvement vers l'Est du
5e corps échappa complètement de la sorte à la cavalerie du général de
Bredow. Combien de temps aurait mis le 5e corps pour se porter de

vaient pas aux avant-postes. Quelques reconnaissances
furent cependant envoyées en avant. A l'aile droite, le
major de Garnier, du 11ᵉ régiment de hussards, se porta
par Völklingen et Ludweiler sur Forbach et « remarqua
« des troupes françaises les unes en marche, les autres
« dirigées par chemin de fer sur Saint-Avold. Il croyait
« reconnaître, à divers autres indices, un affaiblisse-
« ment des forces de l'adversaire (1) ». Le lieutenant de
König, du 17ᵉ régiment de hussards, rendait compte de
la disparition de toutes les tentes établies la veille sur le
champ de manœuvres de Sarrebrück, et de la diminution des forces d'infanterie ennemie (2).

« D'autres renseignements privés, en concordance
« avec ces observations, signalaient également un mou-
« vement de recul de l'adversaire qui, probablement,
« pour préluder à cette opération, avait mis le feu à la

Sarreguemines sur Bitche si la cavalerie du général de Bredow et sa
batterie à cheval eussent opéré sur son flanc gauche pour retarder sa
marche ? Cette démonstration aurait suffi peut-être à immobiliser le
général de Failly.

(1) *Historique du Grand État-Major prussien*, 2ᵉ livraison, page 166.
Le major de Garnier ne laissa personne au contact. Le général de
Redern, commandant la colonne de droite de la 5ᵉ division de cavalerie, plaçait un escadron du 11ᵉ hussards à Völklingen, et rendait
compte au général de division qu'il avait donné l'ordre à ce régiment
d'exécuter le lendemain de nouvelles reconnaissances sur Forbach—
Rosbrück. (Cardinal von Widdern. *Die Kavallerie-Divisionen während
des Armee-Aufmarsches*, page 216.)

(2) Cardinal von Widdern. *Ibid.*, page 216.
Après avoir rendu compte au général de Rheinbaben du résultat des
reconnaissances, le général de Redern demandait s'il pouvait, dans les
circonstances présentes, franchir la Sarre avec toutes ses forces pour
suivre l'ennemi. Il faisait remarquer en même temps que le terrain,
sur la rive gauche, était montueux, coupé de ravins, très boisé et que,
sans infanterie, on s'exposerait à de sérieuses difficultés.

Rien ne l'empêchait, et tout lui commandait, en attendant des ordres
du général de Rheinbaben, de lancer des reconnaissances d'officiers sur
les traces des Français qu'il croyait en pleine retraite.

« gare de Sarrebrück. Le général de Rheinbaben com-
« muniquait au commandant en chef de la II° armée le
« résultat général de ces reconnaissances de sa divi-
« sion (1). » De son côté, le duc de Mecklembourg-
Schwerin, commandant la 6° division de cavalerie,
faisait connaître que le village de Habkirchen, sur la
Blies, occupé jusqu'alors, était évacué, que le camp de
Saint-Arnual était abandonné et que les autres campements établis sur la Sarre et sur la Blies avaient été
levés. Il ajoutait que de forts transports semblaient avoir
lieu sur le chemin de fer Sarreguemines—Bitche et que
des mouvements s'effectuaient par voie de terre de Sarreguemines à Rohrbach (2).

« Toutes ces nouvelles confirmaient encore le com-
« mandant en chef de la II° armée dans l'opinion que
« des mouvements rétrogrades avaient lieu chez l'ad-
« versaire. Il faisait part de cette impression au grand
« quartier général par le télégramme suivant :

« D'après les rapports de la cavalerie, l'ennemi lève
« ses camps de la Sarre et de la Blies et bat en retraite.
« Habkirchen n'est plus occupé. La cavalerie va suivre
« de près sur Bitche et Rohrbach (3). »

D'autre part, il recommandait aux divisions de cavalerie de conserver étroitement le contact avec l'adversaire, de faire des prisonniers, d'observer la direction
de la retraite et de se porter vivement sur Rohrbach (4).

---

(1) *Historique du Grand État-Major prussien*, 2° livraison, page 167.
(2) Cardinal von Widdern, *loc. cit.*, page 127. (Reconnaissance de
la brigade Rauch.)
(3) *Historique du Grand État-Major prussien*, 2° livraison, page 167.
(4) Cardinal von Widdern, *loc. cit.*, page 53, et *Historique du
Grand État-Major prussien*, page 168.
Cette dernière recommandation avait pour origine un télégramme
reçu du grand quartier général dans l'après-midi du 5 août, et aux
termes duquel « il était désirable d'exécuter une forte pointe contre la
« ligne ferrée de Sarreguemines à Bitche. »

En attendant des renseignements plus complets, le prince Frédéric-Charles maintenait les dispositions prévues pour la journée du 6 août d'après lesquelles les corps de la IIe armée devaient prendre les emplacements ci-après :

IIIe corps..	Neunkirchen, avec une avant-garde vers Sarrebrück.
IVe corps...............	Deux-Ponts, avec une avant-garde vers Neu-Hornbach.
X^e corps...............	Waldmohr.
Garde.................	Hombourg.
IXe corps...............	Landstuhl.
XIIe corps.............	Kaiserslautern.

Dans l'après-midi, le commandant de la IIe armée fut informé que le IIe corps était placé sous ses ordres et débarquerait, du 8 au 11 août, vers Neunkirchen et Hombourg. Le maréchal de Moltke lui faisait connaître en outre que la IIe armée ne se porterait sur la Sarre que le 9 août, à moins d'événements imprévus à la IIIe armée. La journée du 8 serait consacrée au repos. Enfin, il l'avisait que la Ire armée avait été invitée à évacuer de suite la route Saint-Wendel—Ottweiler—Neunkirchen et que, le 7 août, elle serait échelonnée sur les routes Lebach—Sarrelouis et Illingen—Völklingen, en mesure d'appuyer l'action de la IIe armée par une attaque sur le flanc gauche de l'ennemi.

.*
* *

Dans la soirée du 5 août, les troupes françaises (1) occupaient les emplacements ci-après :

---

(1) Sauf celles de l'Alsace, dont il sera question dans un numéro ultérieur.

Grand quartier général . . . .   Metz.

2ᵉ corps . .
- Quartier général . . . .   Forbach.
- 1ʳᵉ division . . . .   A l'Ouest de Forbach et Stiring Wendel.
- 2ᵉ   —   . . . .   Nord-Ouest de Behren.
- 3ᵉ   —   . . . .   Spicheren.
- Division de cavalerie.   Forbach.
- Réserves d'artillerie et du génie . . . .   Forbach et Morsbach.

3ᵉ corps . .
- Quartier général . . . .   Saint-Avold.
- 1ʳᵉ division . . . .   Sarreguemines.
- 2ᵉ   —   . . . .   Puttelange.
- 3ᵉ   —   . . . .   Marienthal.
- 4ᵉ   —   . . . .   Saint-Avold.
- Division de cavalerie.   Saint-Avold.
- Réserves d'artillerie et du génie . . . .   Saint-Avold.

4ᵉ corps . .
- Quartier général . . . . .   Boulay.
- 1ʳᵉ division . . . .   Bouzonville, Kirschnaumen et Colmen.
- 2ᵉ   —   . . . .   Teterchen.
- 3ᵉ   —   . . . .   Bouzonville.
- Division de cavalerie.   Boulay.
- Réserves d'artillerie et du génie . . . .   Boulay.

5ᵉ corps . .
- Quartier général . . . . .   Bitche.
- 1ʳᵉ division . . . .   Ferme Freudenberg.
- 2ᵉ   —   . . . .   Rohrbach, Sarreguemines.
- 3ᵉ   —   . . . .   Bitche.
- Division de cavalerie.   Bitche, Sarreguemines, Rohrbach.
- Réserves d'artillerie et du génie. . . . .   Rohrbach.

6ᵉ corps . .
- Quartier général . . . . .   Camp de Châlons.
- 1ʳᵉ division . . . .   *Ibid.*
- 2ᵉ   —   . . . .   *Ibid.*
- 3ᵉ   —   . . . .   *Ibid.*
- 4ᵉ   —   . . . .   Paris.
- Division de cavalerie.   Camp de Châlons.
- Réserves d'artillerie et du génie . . . .   *Ibid.*

Garde impériale.... ....   Courcelles-Chaussy.

Réserve
générale ⎱ Division du Barail . .   Lunéville.
   de   ⎰ Division de Forton...   Faulquemont.
cavalerie.

Réserves générales d'artillerie et du ⎫
   génie..................... ⎭ Nancy.

Parcs
d'artillerie ⎰ 2ᵉ corps ....   ⎰ A Lunéville (équipage de ponts
                                        ⎱ à Saint-Avold).
             3ᵉ   —   ....   ⎰ A Saint-Avold (équipage de ponts
                                     ⎱ à Forbach).
             4ᵉ   —   ....   A Verdun.
             5ᵉ   —   ....   A Épinal.
             6ᵉ   —   ....   A la Fère.
             Garde.............   A Urville.

Grand parc d'artillerie ....   Sans modification.
Équipages de ponts de réserve....   *Ibid.*

DOCUMENTS ANNEXES.

La journée du 5 août en Lorraine.

GRAND QUARTIER GÉNÉRAL.

a) Journal de marche.

Le 1er corps opère la concentration suivante :

La 1re division (Ducrot) prend position à Climbach (1).

La 2e division (Pellé) prend position à Mattstall (2).

La 3e division (Raoult) prend position à Wœrth (3).

La 4e division (de Lartigue) prend position à Gunstett (4).

Les réserves de cavalerie au Sud de Frœschwiller (5).

Les 1re et 2e divisions (Goze et d'Abadie) du 5e corps continuent leur mouvement sur Bitche. La 1re division se porte à la ferme de Freudenberg, la 2e à Rohrbach (6).

Le 3e corps, laissant son quartier général à Saint-Avold, porte sa 1re division (Montaudon) à Sarreguemines ; sa 2e (Castagny), à Puttelange sur le Moderbach ; sa 3e (Metman) à Marienthal ; sa 4e (Decaen) et les réserves restent à Saint-Avold (7).

---

(1) Le 5 août au soir, la 1re division du 1er corps est entre Frœschwiller et Nechwiller.

(2) Le 5 août au soir, la 2e division du 1er corps est au Sud de Frœschwiller.

(3) A l'Ouest de Wœrth.

(4) A l'Est d'Eberbach.

(5) La division de cavalerie Duhesme, du 1er corps, à l'Ouest d'Eberbach, moins la brigade de Septeuil qui est avec la 2e division. Les réserves d'artillerie et du génie au Nord-Est de Reichshoffen.

(6) Moins la brigade Lapasset et une batterie restées à Sarreguemines avec le 3e lanciers de la division de cavalerie Brahaut. La 3e division du 5e corps est à Bitche.

(7) La division de cavalerie est à Saint-Avold, ainsi que le parc d'artillerie. L'équipage de ponts est à Forbach, faute d'attelages pour l'emmener.

Le 2ᵉ corps reçoit l'ordre de quitter sa position devant Sarrebrück et de se reporter en arrière autour de Forbach où s'établit son quartier général (1).

Le quartier général du 4ᵉ corps est à Boulay ; sa 1ʳᵉ division à Bouzonville, sa 2ᵉ à Boulay, sa 3ᵉ à Coume et Teterchen, sa divison de cavalerie à Bouzonville et Boulay (2).

La dernière colonne de la 3ᵉ division (Lafont de Villiers) du 6ᵉ corps arrive à Châlons.

La 2ᵉ division de la réserve de cavalerie arrive à Brumath, et se trouve ainsi placée sous le commandement du maréchal de Mac-Mahon (3).

La 1ʳᵉ division du 7ᵉ corps se répartit entre Rixheim et Colmar (4). La 2ᵉ se porte à Mulhouse (5) ; la 3ᵉ est encore en formation à Lyon. La division de cavalerie de ce corps est placée entre Mulhouse et Belfort (6).

Un ordre de l'Empereur place les 1ᵉʳ, 5ᵉ et 7ᵉ corps, en ce qui concerne les opérations militaires, sous les ordres directs du maréchal de Mac-Mahon, et les 2ᵉ, 3ᵉ et 4ᵉ corps sous ceux du maréchal Bazaine.

b) Organisation et administration.

Le maréchal Le Bœuf au général Coffinières, à Metz.

Metz, 5 août.

« Je vous informe que, par ordre du Ministre de la guerre, la 1ʳᵉ compagnie du 2ᵉ régiment du génie (télégraphie) est dirigée par les voies ferrées du camp de Châlons sur Metz, où elle sera attachée au quartier général de l'armée du Rhin. Cette compagnie doit arriver à Metz le 6 août. Son effectif est d'environ 140 sous-officiers, caporaux et

---

(1) Voir pour l'emplacement des divers éléments du corps d'armée « Documents annexes », page 69.

(2) En réalité : 1ʳᵉ division à Bouzonville et Kirschnaumen-Colmen ; 2ᵉ division à Teterchen ; 3ᵉ division à Bouzonville. Division de cavalerie à Boulay. Réserves d'artillerie et du génie à Boulay.

(3) De Brumath elle se dirige sur Reichshoffen, dans la nuit du 4 au 5.

(4) Transportée par chemin de fer à Reichshoffen dans la nuit du 4 au 5, et le 5 août.

(5) Une brigade à Altkirch, une à Mulhouse.

(6) Une brigade seulement ; la 2ᵉ est encore à Lyon.

sapeurs, 72 sapeurs conducteurs et 123 chevaux. Elle emmènera avec elle 5 voitures. »

c) Opérations et mouvements.

L'Empereur à l'Impératrice (D. T.).

Metz, 5 août, 12 h. 30 soir.

Mac-Mahon se concentre, disposant de forces considérables. Le général de Failly l'appuie. De notre côté, nous nous concentrons fortement aussi.

L'affaire du général Douay (Abel), attaqué par des forces supérieures, est beaucoup moins grave qu'elle n'avait paru d'abord.

Sur Bitche, une simple reconnaissance de cavalerie ennemie qui s'est retirée sans oser attaquer.

Le Major général aux commandants des huit corps d'armée (D. T. Ch.).

Metz, 5 août, 12 h. 50 soir.

Par ordre de l'Empereur :

A dater de ce jour, les 1er, 5e et 7e corps d'armée sont placés, en ce qui concerne les opérations militaires, sous les ordres directs de S. Exc. M. le maréchal de Mac-Mahon, duc de Magenta.

A dater de ce jour, les 2e, 3e et 4e corps d'armée sont placés, en ce qui concerne les opérations militaires, sous les ordres directs de S. Exc. M. le maréchal Bazaine.

L'Empereur au maréchal Canrobert, au camp de Châlons.

Metz, 5 août.

Faites venir l'infanterie de vos trois divisions par le chemin de fer directement à Nancy.

L'artillerie et la cavalerie suivront par étapes.

NAPOLÉON.

Le Major général au colonel de Kleinenberg (1).

Metz, 5 août.

Le lieutenant-colonel de Kleinenberg se rendra par train spécial à Bitche.

_____

(1) Appartenant au grand quartier général (3e section).

Là, il se procurera des nouvelles du maréchal de Mac-Mahon et remettra au général de Failly qu'il attendra, la dépêche ci-jointe du Major général (1).

Le Major général au maréchal Bazaine, à Saint-Avold, et au général Frossard, à Forbach (2) (D. T.).

Metz, 5 août, 7 h. 10 soir.

L'Empereur désire vous voir à la gare de Saint-Avold demain 6 courant, à 1 h. 1/2. Veuillez vous y trouver.

En marge au crayon, de la main du maréchal Le Bœuf : Par suite des renseignements reçus sur des mouvements considérables de troupes ennemies de Trèves vers Sarrelouis et Sarrebrück, l'Empereur, en prévision d'une offensive de l'ennemi et d'une bataille prochaine, voulut réunir à Saint-Avold, le 6 août, le maréchal Bazaine avec les commandants des deux autres corps d'armée sous les ordres du maréchal, afin de donner ses ordres généraux, et de régler leur coopération.

Mais l'attaque que fit l'ennemi en débouchant de Sarrebrück dès le matin du 6, empêcha cette réunion que l'on doit regretter de n'avoir pas faite le jour précédent.

Le maréchal Le Bœuf au Ministre de la guerre, à Paris.

Metz, 5 août.

En raison des exigences du service de la place de Metz, actuellement dégarnie de troupes, j'autorise le général commandant la 3e division militaire à faire venir d'urgence de Nancy à Metz le 4e bataillon du 60e de ligne qui est tout constitué, et dont l'effectif s'élève à 715 hommes.

La garnison de Metz comprend ainsi, en sus de ce bataillon, quelques compagnies du 1er du génie, les dépôts du 11e bataillon de chasseurs et du 44e de ligne, le 4e bataillon de ce dernier régiment, et 298 douaniers.

---

(1) Les *Archives* ne possèdent qu'une autre dépêche télégraphique du Major général au général de Failly, expédiée de Metz à 4 heures du soir. On la trouvera au 5e corps, page 901.

(2) Le quartier général du général Frossard était à la Brême-d'Or, près Forbach ; Metz était en communication télégraphique directe avec la Brême-d'Or depuis le 4 à midi, et pouvait transmettre directement les dépêches au général. (Note du directeur des transmissions télégraphiques de Metz, 5 août.)

d) **Situation et emplacements.**

Situation sommaire d'effectif de l'armée du Rhin au 5 août.

	Hommes.	Chevaux.
1er corps.....................	42,227	8,045
2e —	29,993	5,069
3e —	42,986	8,351
4e —	27,701	6,238
5e —	28,226	5,711
6e —	40,541	6,775
7e —	29,996	6,059
Garde impériale..............	23,461	8,937
Réserve de cavalerie...........	7,893	6,951
Réserve générale d'artillerie.....	2,869	2,788
Réserve générale du génie	235	63
Totaux.......	276,128	64,987

Journée du 5 août.

2e CORPS.

a) **Journaux de marche.**

DIVISION VERGÉ.

Journal de marche.

5 août.

Le mouvement des chemins de fer prussiens paraît arrêté.

A 4 heures du matin un bataillon du 55e, éclairé par deux pelotons de dragons, est envoyé en reconnaissance sur la route de Sarrelouis, mais n'aperçoit aucune démonstration offensive de la part des Prussiens. Les tentes de la 1re brigade sont dressées à 8 heures, mais on continue à se garder.

A 4 heures du soir le 3e bataillon de chasseurs reçoit un détachement de 345 hommes de la réserve, conduits par le sous-lieutenant Rœderer.

Des tranchées-abris sont établies par le génie en avant du front du 55ᵉ pour augmenter la défense (1).

A 5 heures un bataillon du 32ᵉ et deux escadrons du 7ᵉ dragons sous les ordres du colonel de ce régiment, opèrent une reconnaissance dans la vallée de la Rosselle. Cette reconnaissance est terminée à 8 heures et n'amène aucun résultat.

La 2ᵉ brigade a reçu l'ordre, à 6 heures du soir, de quitter la position de Sarrebrück et d'effectuer un mouvement de retraite sur Forbach. A 10 heures du soir le 77ᵉ est établi à l'Ouest de la route, à environ 600 mètres en avant du village de Stiring-Wendel, se gardant à la fois en avant dans la direction de Sarrebrück, et sur sa gauche vers les bois de Schœneck. Le 76ᵉ, un peu en arrière, est campé sur la droite de la route de Sarrebrück (2).

Division Bataille.

Journal de marche.

5 août.

Dans la matinée, rien de nouveau.

Dans la soirée le corps d'armée abandonne les hauteurs de Sarrebrück. La division reçoit l'ordre de lever son camp à 7 heures du soir et de se retirer des hauteurs de Sarrebrück pour aller s'établir sur le plateau d'Œting. Les bagages et l'artillerie exécutent le mouvement à 6 heures, les régiments d'infanterie à 7 heures.

Ce mouvement est couvert par les troupes de la 1ʳᵉ brigade de la 1ʳᵉ division qui restent en position sur les hauteurs jusqu'à 8 heures du soir. La 2ᵉ division arrive sur le plateau d'Œting à 10 heures du soir et campe en colonne à droite de la route. Les 1ʳᵉ et 3ᵉ divisions s'établissent aussi en arrière : la 1ʳᵉ à Forbach, la 3ᵉ à Spicheren.

Division de Laveaucoupet.

Journal de marche.

5 août.

Le 40ᵉ de ligne reçoit un détachement de 700 hommes de la réserve. Ils sont exercés le jour même au maniement du fusil Chassepot, inconnu de la plupart d'entre eux.

A 5 heures du matin, le 5ᵉ chasseurs à cheval, envoyé pendant la

---

(1) Sur le Kaninchen-Berg.
(2) L'artillerie et la compagnie du génie avec la 2ᵉ brigade.

nuit en reconnaissance à Grosbliederstroff, signale le départ pour Sarreguemines des brigades Lapasset et de Maussion (1), ce qui met complètement en l'air la droite du corps d'armée. On ignore la cause du mouvement de ces brigades.

Les renseignements signalent toujours en face de nos positions, à
portée de canon sur la rive droite de la Sarre, la présence de l'armée
du général Steinmetz avec au moins 100,000 hommes, et en arrière de
cette armée, la concentration de forces considérables sous les ordres du
prince Frédéric-Charles. Cette situation rendait critique la position des
troupes campées à Saint-Arnual et sur les hauteurs de Sarrebrück. Une
attaque par Grosbliederstroff et par Simbach d'un côté, par la route de
Sarrelouis de l'autre, pourrait compromettre singulièrement le corps
d'armée.

Le général Frossard, commandant en chef le 2° corps, visite dans la
journée la position de Saint-Arnual, et conformément à l'avis émis la
veille par le général de Laveaucoupet, donne des instructions pour
replier sur les hauteurs de Spicheren toutes les troupes établies en
avant de cette position.

A la nuit tombante, les bagages, sous l'escorte de la compagnie du
génie, se mettent en route sans bruit par la route de la Brême-d'Or,
pour exécuter le mouvement de retraite sur Spicheren où ils arrivent à
minuit.

A 8 heures, le 24° de ligne, la 8° batterie du 15° d'artillerie sous les
ordres du général Micheler; le 40° de ligne, le 10° bataillon de chasseurs à pied sous les ordres du général de division évacuent leurs positions et se replient silencieusement en échelons, laissant leurs feux
allumés pour tromper l'ennemi et les grand'gardes en position pour
couvrir le mouvement le plus longtemps possible. Cette opération
s'effectue avec un plein succès, les avant-postes se replient à leur tour
sans essuyer un coup de fusil.

Pour protéger ce mouvement, la 7° batterie du 15° d'artillerie s'était
mise en batterie sur le point dit l'Éperon, où elle est restée jusqu'à
minuit.

Vers 1 heure du matin, toute la division se trouve concentrée sur les
hauteurs de Spicheren et occupe la position suivante :

La 1ʳᵉ brigade, commandée par le général Doens, est établie avec les
trois batteries de la division sur la crête du mamelon situé au Sud-Est
du village de Spicheren.

La 2° brigade, aux ordres du général Micheler, occupait une croupe
au Nord du village.

_____

(1) Du 5° corps. Voir 5° fascicule, page 261.

L'ambulance et les services administratifs étaient établis à Spicheren même entre les deux lignes.

Des avant-postes garnissaient le sommet d'une petite croupe qui, du plateau de Spicheren, s'avance dans la vallée de Sarrebrück. Ce mouvement de terrain, *espèce d'éperon*, permet à la troupe qui en est maîtresse, de voir d'écharpe les défenseurs de Stiring dans la vallée, et de couvrir de feux plongeants la route de Sarrebrück à Forbach ; de voir et de battre la lisière du bois, en avant de Spicheren, et enfin de dominer la vallée de Saint-Arnual.

Ce mouvement de terrain, sans être la partie dominante du plateau de Spicheren, était cependant la clef des positions occupées par le corps d'armée, car la troupe qui en est maîtresse et qui par cela même tient la lisière du bois, situé en avant de Spicheren, bat à revers les troupes de la division Vergé établie à Stiring, et peut en cheminant le long de la pente, à couvert des feux du plateau, tourner l'aile droite de cette division, en occupant constamment une position dominante, et couper en deux la ligne de bataille du corps d'armée.

Le général commandant en chef le 2ᵉ corps avait particulièrement recommandé d'occuper ce point.

Rapport journalier de la division.

Spicheren, 5 août.

Événements. — La compagnie du génie a quitté le camp de Spicheren pour se rendre à Saint-Arnual.

Un détachement de 314 hommes du 40ᵉ de ligne est arrivé ce matin à 10 heures venant du dépôt.

Un détachement de 300 hommes du 2ᵉ de ligne est arrivé du dépôt.

Depuis 4 h. 1/2, heure à laquelle copie de la note du général Doens a été envoyée à Son Excellence, il ne s'est rien passé de nouveau à la 1ʳᵉ brigade. Le 5ᵉ régiment de chasseurs à cheval est rentré de reconnaissance sans avoir rien eu à signaler. Un détachement de ce régiment avait poussé jusqu'à Sarreguemines où un officier s'est mis en rapport avec le colonel chef d'état-major (1). Cet officier supérieur a dit qu'il n'y avait aucune espèce de crainte à avoir au sujet des communications entre Sarreguemines et Forbach.

La division Montaudon (2) devait venir aujourd'hui remplacer une division du corps de Failly qui a rallié Sarreguemines.

---

(1) Il s'agit probablement du colonel Beaudoin, chef d'état-major de la 2ᵉ division du 5ᵉ corps.

(2) Du 3ᵉ corps.

Les éclaireurs de la division ont reconnu cette nuit la route de Saint-Arnual à Sarreguemines : ils ont escorté le 5ᵉ chasseurs et n'ont constaté aucun mouvement de l'ennemi.

Distributions. — Les denrées distribuées sont de bonne qualité.

État sanitaire. — L'état sanitaire est satisfaisant.

Observations diverses. — État-major. — Il manque 2 gamelles, 2 marmites, 5 bidons.

Génie. — Il manque 101 rondelles, 100 aiguilles, 2 têtes mobiles.

10ᵉ chasseurs à pied. — Il manque 17 tentes régimentaires d'officiers, 23 couvertures, 7 cantines de cuisine et 29 hachettes.

63ᵉ de ligne. — Il manque 2,140 rondelles, 2,140 aiguilles, 179 ressorts à boudin.

24ᵉ de ligne. — Il manque 2,480 aiguilles, 2,370 rondelles, 826 ressorts à boudin et 824 têtes mobiles.

40ᵉ de ligne. — Il manque 2,292 aiguilles et 2,292 rondelles.

7ᵉ dragons. — Il manque : en personnel, 1 sous-lieutenant, 19 hommes, 25 chevaux ; en matériel, 1 cantine d'ambulance médicale, des faucilles pour les hommes.

La voiture régimentaire qui manquait au corps a été touchée hier à Forbach. Le colonel demande l'autorisation de conserver des voitures de réquisition pour le transport des effets et armes des hommes à pied, des selles et accessoires des chevaux malades.

Les 10ᵉ bataillon de chasseurs, 2ᵉ, 63ᵉ, 24ᵉ et 40ᵉ de ligne ont reçu les voitures régimentaires destinées au transport des bagages.

Le 2ᵉ, qui ne les avait pas reçues jusqu'ici, les a touchées hier.

DIVISION DE CAVALERIE DE VALABRÈGUE.

Journal de marche.

5 août.

A 4 heures du matin, deux pelotons du 12ᵉ dragons, mis à la disposition du général Valazé, exécutent, avec des troupes de la 1ʳᵉ brigade de la 1ʳᵉ division, une reconnaissance sur la route de Sarrelouis.

Journal de marche de l'artillerie du 2ᵉ corps.

5 août.

1° *Général commandant l'artillerie et état-major.* — Le quartier général rétrograde sur Forbach dans la soirée.

2° *Artillerie de la 1ʳᵉ division.* — La 12ᵉ batterie campe sur le même emplacement que la veille et y construit une batterie de position. Dans la nuit du 5 au 6, retraite des trois batteries sur Forbach.

3° *Artillerie de la 2e division.* — Retraite sur Œting dans la nuit. Les batteries campent dans cette position avec leur division.

4° *Artillerie de la 3e division.* — Les batteries se retirent avec leur division et campent sur les hauteurs de Spicheren.

5° *Artillerie de la brigade Lapasset* (1). — Le 5 août, le 5e corps quitte Sarreguemines à 3 heures du matin, pour se diriger sur Bitche. La brigade Lapasset, avec la 7e batterie du 2e régiment et le 3e lanciers, doit former l'extrême arrière-garde et protéger le convoi, le trésor, les bagages. De plus, la brigade ne doit quitter Sarreguemines qu'après l'arrivée de la division Montaudon, du 3e corps, qui vient de Forbach (2) pour la remplacer dans la position qu'elle occupe. Cette division arrive tard. Dans la journée, des coureurs ennemis ayant intercepté la route de Bitche et fait rétrograder une partie du convoi (3), craignant que ces coureurs ne fussent l'avant-garde de forces trop supérieures, on ne croit pas prudent de mettre la brigade en mouvement. Elle reste à Sarreguemines et campe sur l'emplacement où elle se trouve déjà.

6° *Réserve.* — Les deux batteries de 12 (10e et 11e du 5e) viennent, dans la nuit du 5 au 6 août, rejoindre leurs réserves à Morsbach; les quatre autres batteries de la réserve conservent leur campement à Forbach.

7° *Parc.* — Le 5 au soir, les batteries étant complètement réapprovisionnées, la portion du parc campée à Forbach est dirigée sur Saint-Avold, où elle reste le lendemain.

Génie du 2e corps.

Journal de marche.

5 août.

La compagnie de réserve commence un retranchement de près de 1000 mètres de développement en travers de la route de Sarrelouis.

Les divisions se portent en arrière : la 1re en avant de Forbach, la 2e sur les hauteurs d'Œting, la 3e vers Spicheren.

Le soir, l'état-major retourne à Forbach. La 9e compagnie (4) reçoit un détachement complémentaire de 50 hommes.

---

(1) La séparation de la brigade Lapasset ayant été la conséquence des événements survenus le 5, les documents qui s'y rapportent ont, pour cette journée encore, été classés au 5e corps.

(2) Plus exactement : de Rosbrück.

(3) En réalité, cet incident s'est produit le 6 au matin.

(4) Compagnie du génie de la 1re division.

PARC D'ARTILLERIE.

Le colonel Brady, directeur du parc du 2ᵉ corps, au général Soleille, à Metz.

Lunéville, 5 août.

Avant de recevoir votre lettre du 2 août, j'avais eu l'honneur de vous adresser les premiers renseignements sur la situation du parc du 2ᵉ corps, que je croyais utile de porter à votre connaissance.

Cette situation ne s'est pas modifiée depuis lors, et je n'ai reçu aucun attelage du 2ᵉ régiment du train.

J'ai expédié au 2ᵉ corps, à Forbach :

    5 affûts de rechange de 4 ;

    24 caissons modèle 58 pour munitions de 4 rayé de campagne ;

    12 caissons modèle 1827 pour munitions de 12 ;

    2 flèches pour caissons de 4 ;

    2 flèches pour caissons de 12.

Il manque toujours au matériel du parc :

1° Le caisson léger qui doit m'être envoyé par la direction de Metz, et qui m'est annoncé depuis le 26 juillet ;

2° Le canon à balles qui m'est annoncé par le général Susane depuis le 25 juillet, et doit m'être envoyé de Meudon ;

3° La caisse de pièces d'armes de rechange qui doit m'être envoyée de la manufacture de Saint-Etienne et que j'ai réclamée ;

4° Une forge outillée, de la direction de Strasbourg.

Depuis le 1ᵉʳ août, aucun détachement du train n'est arrivé. Voici ma situation en attelages :

Les compagnies 4 et 4 *bis* presque en entier sont à Forbach ;

La compagnie 4 attelle les 60 voitures des réserves divisionnaires ;

La compagnie 4 *bis* attelle les 42 voitures (affûts de rechange de 4, caissons de 4 et de 12) envoyées à Forbach le 3 août.

Il me reste à Lunéville :

4ᵉ compagnie...	10 attelages de devant,	14 attelages de derrière.
4ᵉ compagnie *bis.*	15 —	12 —
9ᵉ compagnie...	9 —	19 —
TOTAUX...	34 attelages de devant,	45 attelages de derrière.

9° compagnie *bis.*   Néant.

3ᵉ compagnie...   Équipage de pont, laissée à Strasbourg.

Dans ma dépêche de ce matin, j'ai eu l'honneur de vous demander où se concentrait le grand parc, et qui le commandait. Je n'ai, en effet, reçu *aucun renseignement sur le personnel de l'armée.*

Il serait d'autant plus urgent de faire arriver les compagnies du train que leur organisation est bien incomplète. Celles que j'ai reçues n'ont aucun approvisionnement de ferrure, et, pour les 180 chevaux présents à Lunéville, je n'ai qu'un seul maréchal ferrant. Je fais forger par les ouvriers disponibles de la 3º compagnie d'ouvriers.

La plupart des conducteurs (hommes de la réserve) sont d'une ignorance complète, et je les fais exercer à la première leçon de conduite des voitures.

Je n'ai encore ni médecin ni vétérinaire.

Dans une dépêche de ce matin, je vous demande si je dois donner aux deux batteries de la 1ʳᵉ division de cavalerie de réserve (1ᵉʳ, 2ᵉ, 3ᵉ, 4ᵉ chasseurs d'Afrique) des munitions pour fusil mod. 1866. Elles n'en ont pas. Aux termes de l'instruction de 1869, § 5, la réserve divisionnaire de munitions de cavalerie, créée par décision ministérielle du 13 octobre 1867, est composée de *1* ou *2* caissons mod. 1858, attelés *à 6 chevaux* par le train du parc du corps d'armée auquel la division est attachée. Or, je n'ai que des caissons de munitions d'infanterie mod. 1827 avec coffres mod. 1840.

La forge et le canon à balles viennent d'arriver en gare.

Journal de l'adjoint à l'intendance Bouteiller.

5 août.

En résumé, au 5 août, le 2ᵉ corps avait des vivres de campagne en quantité plus que suffisante. Il en était de même de la farine et de l'avoine. Le biscuit seul manquait. Il devait y en avoir en gare 500 kilogr. environ, mais ils n'étaient encore ni reconnus, ni déchargés. Un marché avait été passé avec des négociants de Saint-Avold, les sieurs Hirsch, Cerf Francfort et Bernard Cahen, pour la livraison de la viande sur pied en attendant que ce service fût organisé pour toute l'armée, et dès le 1ᵉʳ août les troupes avaient pu recevoir les vivres de campagne. Quelques jours encore, les approvisionnements eussent été classés, répartis entre les divisions suivant leur effectif et leurs moyens de transport et le service eût pu fonctionner régulièrement sur tous les points.

On employa les journées des 4 et 5 à faire le recensement des voitures auxiliaires employées tant au quartier général que dans les divisions et à les organiser. L'intendant demanda au général commandant le corps d'armée le personnel nécessaire pour la constitution du cadre indispensable à leur conduite et à leur surveillance.

Chaque division reçut un certain nombre de voitures et les organisa de son côté.

Au quartier général il restait environ 300 voitures, la plupart à deux chevaux et à quatre roues, un certain nombre à quatre chevaux et enfin quelques-unes à un cheval.

Le commandement mit à la disposition de l'administration : 1 lieutenant du train des équipages avec 2 maréchaux des logis et 2 brigadiers de la même arme, 4 gendarmes et 4 dragons. On numérota toutes les voitures et on inscrivit sur l'un des montants la mention : *Quartier général du 2e corps*. Chaque conducteur reçut une bande de percaline verte pour en garnir sa coiffure et lui servir de signe distinctif. Enfin, les voitures furent groupées par escouades et l'un des conducteurs constitué chef d'escouade. Ce travail d'organisation s'opéra avec de grandes difficultés et très lentement. Un grand nombre de conducteurs ne comprenaient pas le français. Le service des vivres avec les divisions, les transports de rations de vin, etc., la nécessité où l'on se trouvait de décharger à la hâte les convois de matériel et de denrées, dont l'intendant général réclamait impérativement les wagons, étaient autant de causes qui entravaient l'embrigadement. Il était à peine terminé sur le papier, les sous-officiers, gendarmes et dragons n'avaient pu encore connaître les hommes placés sous leur surveillance, lorsque arriva le 6 août.

c) Opérations et mouvements.

Le Capitaine d'état-major de la division de cavalerie du 2e corps au général Frossard, à la Brême-d'Or (D. T.).

Sarreguemines, 5 août, 5 h. 4 matin.

Vu le général Besson, chef d'état-major général (1) et le sous-préfet de Sarreguemines.

Le 5e corps est en marche pour Bitche. Il laisse la brigade Lapasset à Sarreguemines avec l'ordre de ne quitter la place qu'au moment de l'arrivée de la tête de colonne du général Montaudon.

A 11 heures la division Goze sera à Bitche.

La gauche du 5e corps occupera aujourd'hui la ferme de Wising.

Ni le général ni le sous-préfet ne croient à de fortes concentrations de troupes sur la rive droite de la Sarre depuis la route de Deux-Ponts jusqu'à Grosbliederstroff.

Au retour de la reconnaissance de Frauenberg, j'enverrai un second télégramme et une lettre par un officier.

---

(1) Du 5e corps.

Le même au même. — Lettre.

Sarreguemines, 5 août, 5 h. 1/2 matin.

Je vous confirme la dépêche télégraphique suivante qui a été déposée au bureau du télégraphe de Sarreguemines à 4 h. 3/4 du matin.

(Suit la dépêche ci-dessus.)

L'employé du télégraphe m'ayant dit que la dépêche ne passerait peut-être pas immédiatement, je me décide à vous envoyer de suite le courrier.

J'ajouterai, comme complément au télégramme, que le mouvement de la division Montaudon ne serait pas isolé : toutes les divisions du 3e corps (Bazaine) exécuteraient aujourd'hui un mouvement de flanc ; la division Castagny irait occuper Puttelange. Avis de tous ces mouvements aurait été donné au 5e corps, hier à 9 heures, par le Major général.

Je n'ai pu me faire signaler, ni dans ma route, ni ici, aucune concentration importante de troupes près de la rive droite de la Sarre. Le sous-préfet parle cependant d'un corps assez considérable entre ..... et Deux-Ponts, mais donne ce bruit sous toutes réserves, prétextant que, depuis le retrait des douaniers, il ne peut plus se faire renseigner.

Hier, à 2 heures, une reconnaissance de 400 cavaliers ennemis, cuirassiers et dragons est venue jusqu'à 2 kilomètres de Rohrbach qu'occupait le 5e lanciers. La cavalerie du 5e corps, à Sarreguemines, est montée à cheval pour aller au secours de ce régiment : il n'y a pas eu d'engagement.

On a, hier soir, reçu la nouvelle que la division A. Douay, qui s'était engagée dans les environs de Wissembourg contre des forces considérables avait été obligé de battre en retraite ; le général Douay serait grièvement blessé ; les Prussiens auraient bombardé Wissembourg et détruit une partie des ouvrages du chemin de fer.

On raconte, en outre, que l'on entendait en même temps une forte canonnade du côté de Kehl.

L'escadron du 12e dragons (1) a dû, pour arriver ici, passer par Bousbach ; la route est fort mauvaise de ce village à Rouhling. Le guide que je m'étais procuré chez le maire de Forbach, prétend que le chemin de Lixing à Rouhling est bien plus mauvais encore.

Je pars à l'instant pour Frauenberg.

_____

(1) Envoyé par le général Frossard en reconnaissance sur Sarreguemines.

Le Major général au général Frossard, à Sarre-brück (D. T.).

Metz, 5 août, 6 h. 45 matin.

Donnez-moi de vos nouvelles.

Le Capitaine d'état-major attaché aux reconnaissances du 12e dragons au général Frossard, à la Brême-d'Or (D. T.).

Sarreguemines, 5 août, 7 heures matin.

Aucun renseignement intéressant à Frauenberg.

Petites reconnaissances journalières d'infanterie et de cavalerie indiquées comme partant de Blies-Mengen, où il y aurait quelques troupes. On ne sait rien de Deux-Ponts.

Le général Frossard à l'Empereur, à Metz (D. T. Ch.).

Brême-d'Or, 5 août, 7 h. 15 matin.

La nuit a été calme. J'ai reporté une brigade en arrière de ma gauche, à Forbach (1), et une brigade en arrière de ma droite, à Spicheren (2), avec 5 escadrons (3). J'ai envoyé un escadron à Sarreguemines. Je ne fais rien sur ma position avancée ; j'y suis en flèche ; le 2e corps serait beaucoup mieux sur les plateaux de Forbach à Sarreguemines, en gardant Forbach. L'Empereur juge-t-il que je doive me replier là.

Le général Frossard au Major général (D. T.)

Brême-d'Or, 5 août, 7 h. 50 matin.

J'ai adressé ce matin une dépêche à l'Empereur ; j'ajoute ceci :

Pendant la nuit, divers trains sont venus vers Sarrebrück, mais ils s'arrêtent à 2 ou 3 kilomètres de la gare. Notre artillerie a tiré dans ces directions, et aussi sur la gare où le feu a pris dans un bâtiment ; l'incendie a duré plusieurs heures.

Les rapports des grand'gardes n'ont signalé aucun mouvement de l'ennemi. J'avais envoyé un escadron à Sarreguemines, où je croyais qu'il n'y avait plus personne ; on me dit que la division Montaudon va y arriver aujourd'hui. On ne pense pas qu'il y ait beaucoup de troupes prussiennes de ce côté-là.

---

(1) 2e brigade de la 1re division.
(2) 1re brigade de la 3e division.
(3) 5e régiment de chasseurs.

- *Le Major général au général Frossard, à la Brême-d'Or* (D. T.).

Metz, 5 août, 9 h. 10 matin.

En réponse à votre télégramme de ce matin (1), l'Empereur décide que demain matin vous reporterez votre quartier général à Forbach, vous laissant libre de disposer vos divisions en les concentrant autour de vous, de manière à mettre votre quartier général à Saint-Avold, dès que l'ordre vous en sera donné par l'Empereur.

Le maréchal Bazaine au général Frossard, à Brême-d'Or, et au général de Ladmirault, à Boulay (D. T.).

Saint-Avold, 5 août, 4 h. 10 soir.

Comme conséquence de la dépêche de l'Empereur que vous avez dû recevoir aujourd'hui (2), envoyez-moi par retour du courrier la situation d'emplacement et des effectifs de vos divisions, ainsi que les renseignements que vous aurez pu vous procurer sur l'ennemi que vous avez devant vous.

Le général Frossard au maréchal Bazaine, à Saint-Avold (D. T.).

Brême, 5 août, 5 h. 15 soir.

J'ai reçu de l'Empereur l'ordre de reporter mon quartier général à Forbach, me laissant libre de concentrer mes divisions autour de moi le plus utilement possible. Je ferai ce mouvement *cette nuit* (3). J'aurai une division à Forbach comme auparavant, une autre à Spicheren et la 3e à Œting. J'ai reçu aussi avis que le 2e corps était désormais sous vos ordres directs, en ce qui concerne les opérations militaires.

Le Major général au général Frossard, à Brême-d'Or (D. T.).

Metz, 5 août, 10 h. 45 soir.

L'Empereur désire que provisoirement la gare de Sarrebrück ne soit pas détruite. Votre position vous permet-elle d'interdire, même la nuit, tout passage de troupes par la voie ferrée ?

---

(1) Télégramme de 7 h. 15 du matin. (Voir page 65.)

(2) Plaçant le 2e corps sous le commandement supérieur du maréchal Bazaine, en ce qui concernait les opérations militaires.

(3) En chiffres dans le texte orignal.

Le général Valazé au général Frossard, à Brême-d'Or.

Forbach, 5 août, 7 h. 1/2 matin.

J'étais rendu hier à 10 heures du soir à Forbach et j'y installai immédiatement ma brigade à cheval sur la route de Sarrelouis. Cette position avait été occupée provisoirement par deux bataillons du 62ᵉ que le général Montaudon y avait laissés, et par environ 700 hommes de la réserve destinés à différents corps.

Ce matin, 5 août, j'ai dirigé vers Gersweiler une reconnaissance commandée par le colonel de Waldner (1), et composée d'un bataillon du 55ᵉ et de deux pelotons du 12ᵉ dragons. Elle n'a pas rencontré l'ennemi; elle a traversé les villages de Petite-Rosselle et de Grande-Rosselle, qui avaient été évacués ce matin à 3 h. 1/2 par les grand'gardes prussiennes, fortes de 300 à 400 hommes.

Les habitants disent qu'une reconnaissance prussienne forte de 60 uhlans, 80 hussards et 250 hommes d'infanterie, appartenant à deux régiments différents, s'est portée hier soir, vers 8 heures, vers le plateau situé en face de celui que nous occupons, et d'où elle a pu apercevoir les feux du 62ᵉ. La rentrée de cette reconnaissance aurait déterminé un mouvement du camp de .....(?) (2), vers Sarrelouis. Les habitants ajoutent que les troupes qui occupent ce camp étaient au nombre de 40,000 hommes, renseignement qui est évidemment très exagéré et qui n'a pas été confirmé par tout le monde. L'évacuation aurait été terminée vers 3 heures du matin. Pour plus amples renseignements, j'ai l'honneur de vous adresser ci-joint le rapport que le colonel de Waldner vient de me faire parvenir.

En résumé, je crois que nous ne sommes menacés d'aucune attaque sérieuse. Je vais faire bonne garde, en maintenant mes troupes dans leur camp, et en demandant au génie de construire en avant de ce camp et sur la gauche de la route de Sarrelouis, une tranchée-abri que le commandant de mon artillerie juge devoir être utile à la défense de la position.

Rapport sur la reconnaissance faite à 4 heures du matin par le 3ᵉ bataillon du 55ᵉ de ligne et deux pelotons du 12ᵉ dragons.

Forbach, 5 août.

Après avoir dépassé la grand'garde placée sur la route au fond du ravin, nous avons marché dans l'ordre suivant :

---

(1) Commandant le 55ᵉ de ligne (1ʳᵉ brigade, 1ʳᵉ division).
(2) Illisible.

4 cavaliers, 1 officier, à 50 mètres en arrière;

Un tiers des cavaliers restant à 50 mètres en arrière;

Deux tiers des cavaliers, puis le 3e bataillon du 55e de ligne, en soutien.

Arrivé sur la hauteur en face du camp, j'ai fait embusquer, sous les bois à droite et à gauche de la route, quatre compagnies sous les ordres du commandant Millot; les deux autres compagnies suivirent la reconnaissance pour l'appuyer. La cavalerie prit la tête de colonne et nous nous rendîmes à Petite-Rosselle et Grande-Rosselle. Il résulte des rapports des habitants :

1° Que les grand'gardes prussiennes, fortes de 300 à 400 hommes, ont évacué ces deux villages ce matin à 3 h. 1/2 ;

2° Qu'une reconnaissance, composée de 60 uhlans, 80 hussards, 250 hommes d'infanterie appartenant à deux régiments différents, ont fait une reconnaissance hier soir à 8 heures, laquelle a envoyé ses vedettes et sa cavalerie sur le plateau en face de celui que nous occupons, d'où elle a dû apercevoir les feux du 62e de ligne;

3° Que cette reconnaissance rentrée, a déterminé un mouvement du camp de.....(?) (1) sur Sarrelouis;

4° Que ce camp de.....(?) pouvait avoir de 40,000 à 50,000 hommes. Je crois ce chiffre très exagéré, il n'a pas été confirmé par tout le monde;

5° Que l'évacuation a été terminée vers 3 heures du matin;

6° Que les Prussiens font des reconnaissances nombreuses de plus de 300 à 400 hommes toutes les deux heures;

7° Qu'ils ne s'avancent pas sans avoir su par leurs espions que le terrain n'est pas occupé;

8° Que ces espions déguisés sont souvent des militaires ayant, en outre du costume, un panier ou un outil à la main, qui leur permet d'avoir l'air de travailler aux champs;

9° Que ces espions déguisés ont souvent vu et compté nos reconnaissances.

Quand nous sommes entrés dans Grande-Rosselle, on a sonné la cloche; puis une cloche d'un autre timbre s'est fait entendre quand nous nous sommes éloignés. La reconnaissance s'est arrêtée à 1500 mètres du village, à l'extrémité du défilé en forêt, et là nous avons parfaitement distingué trois cavaliers répondant, par des signaux faits avec des drapeaux, au son des cloches.

Nous n'avons plus aperçu aucun petit poste, aucune grand'garde, à

----

(1) Illisible.

plus de 3 kilomètres en avant du terrain que nous avons battu. La
econnaissance n'est rentrée qu'à 6 h. 3/4.

Le général Doens au général de Laveaucoupet.

Camp de Forbach, 5 août.

Depuis 3 h. 1/2, heure à laquelle une note a déjà été envoyée à la
division, il ne s'est rien passé de nouveau à la 1re brigade. Le 5e régiment de chasseurs à cheval est rentré de reconnaissance sans avoir rien
à signaler. Un détachement de ce régiment avait poussé jusqu'à Sarreguemines où un officier s'est mis en rapport avec le colonel chef d'état-
major (1). Cet officier supérieur a dit qu'il n'y avait aucune espèce de
crainte à avoir au sujet des communications entre Sarreguemines et
Forbach.

La division Montaudon, devant venir aujourd'hui remplacer une division du corps de Failly, a rallié Sarreguemines.

d) Situation et emplacements.

Situation sommaire d'effectif au 4 août.

CORPS.	HOMMES.	CHEVAUX.	EMPLACEMENTS.
Quartier général..............	»	»	Forbach.
Division Vergé................	7,794	596	Forbach et Stiring.
Division Bataille..............	9,451	647	Œting.
Division de Laveaucoupet........	9,469	621	Spicheren.
Division de cavalerie (de Vala-brègue)....................	2,426	2,212	Forbach.
Divers..................... ..	12	»	
Réserve d'artillerie.............	991	915	Forbach et Morsbach.
Génie.......................	150	78	Forbach (1).
TOTAUX.......	29,993	5,069	

(1) Parc d'artillerie à Lunéville.

(1) Probablement le colonel Beaudoin, chef d'état-major de la
2e division du 5e corps.

Journée du 5 août.

3e CORPS.

a) Journaux de marche.

Journal de marche du quartier général du 3e corps.

5 août.

La 1re division se rend à Sarreguemines, la 2e à Puttelange, la 3e à Marienthal, la 4e à Saint-Avold (1).

Rapport journalier du 3e corps.

5 août.

Le Maréchal recommande de nouveau aux généraux et commandants d'armes d'apporter la plus scrupuleuse attention à ce que les hommes aient toujours deux jours de vivres dans le sac, et le sous-intendant quatre jours de vivres sur ses voitures. Pour les chevaux, la proportion a été fixée dès le commencement.

Les tarifs des rations de vivres vont être modifiés incessamment. En attendant, les perceptions se feront conformément aux tarifs annexés à l'ordonnance du 25 décembre 1837.

On veillera à ce que personne ne s'éloigne des camps. Il ne devra être accordé aucune permission d'absence.

Chaque fois qu'une division d'infanterie aura son quartier général à une station de chemins de fer, il devra y avoir à la gare un officier pour que les isolés soient dirigés sur leurs corps respectifs.

Composition des trains affectés aux divisions.

1re et 2e divisions : 1 officier, 20 voitures d'état-major et 2 chariots de la 1re compagnie.

3e et 4e divisions : 1 officier, 20 voitures d'état-major et 2 chariots de la 10e compagnie (du train des équipages).

Division de cavalerie : 1 sous-officier, 10 voitures d'état-major et 1 chariot.

---

(1) La division de cavalerie reste à Saint-Avold, ainsi que les réserves d'artillerie et du génie et le parc d'artillerie. L'équipage de ponts est à Forbach.

Réponse au rapport du 3ᵉ corps.

Saint-Avold, 5 août.

A la rentrée de tout détachement envoyé en reconnaissance, le commandant de la reconnaissance enverra directement et immédiatement au Maréchal commandant le corps d'armée un rapport spécial sur le résultat des opérations qu'il aura dirigées. Ce rapport contiendra, en outre du récit des faits accomplis, tous les renseignements qui auront été recueillis sur les positions de l'ennemi, la nature du pays, les rivières, les voies de communication, en un mot tout ce qui peut offrir quelque intérêt dans la région parcourue par la reconnaissance.

Division de Montaudon.

Journal de marche.

5 août.

La division part de Rosbrück pour Sarreguemines. Le 62ᵉ (1) et le 95ᵉ (2) ayant à se rallier d'abord, la division ne se met en marche qu'à midi, et, malgré une chaleur accablante, arrive à Sarreguemines à 5 heures.

La brigade Lapasset, du 5ᵉ corps, s'y trouve encore (14ᵉ bataillon de chasseurs, 84ᵉ et 97ᵉ, une section d'artillerie (3) et un gros convoi).

La division passe la Sarre et campe en avant de Sarreguemines, à la jonction de la route de Bitche avec celle de Sarrelouis. Le 95ᵉ arrive à 7 heures du soir et campe sur les hauteurs en arrière de la Sarre et de la ville.

D'après des renseignements nombreux, les Prussiens auraient passé la Blies et se masseraient en face de Neunkirch. Les troupes prennent des dispositions en conséquence et se trouvent toute la nuit prêtes à recevoir l'ennemi, malgré un violent orage.

A 4 heures du matin, le général de division exécute une reconnaissance qui ne découvre rien d'important.

Mouvements de la 1ʳᵉ division du 3ᵉ corps (4).

5 août.

La 1ʳᵉ division, campée à Rosbrück, reçut le 5 août au matin l'ordre

---

(1) Venant de Forbach (2ᵉ et 3ᵉ bataillons). Le 1ᵉʳ bataillon s'était rendu le 4 août, à 5 heures du soir, de Forbach à Rosbrück.

(2) Venant de Haut-Hombourg.

(3) Une batterie et non une section.

(4) Document extrait des papiers du maréchal Le Bœuf.

de se diriger vers Sarreguemines. Elle se mit en route à 10 heures du matin, et arriva à 5 heures du soir, à l'exception des 62e et 95e qui n'entrèrent en ville qu'à 7 heures.

Il n'y avait en fait de troupes françaises dans Sarreguemines que la brigade mixte du général Lapasset qui devait même se mettre en route sur Bitche dans l'après-midi et qui ne put le faire à cause de l'arrivée tardive de la 1re division.

Le général Lapasset informa le général Montaudon que l'ennemi était maître du pont sur la Blies à Frauenberg, et occupait avec ses avant-postes les bois du Jacobswald.

Un régiment d'infanterie de la brigade Lapasset gardait le village de Neunkirch, et l'autre était placé en arrière sur le plateau à droite de la route de Sarreguemines à Neunkirch.

Tous les renseignements tendant à faire croire à une attaque le 6 au matin, le général Montaudon plaça la 1re brigade en position à Neunkirch ; l'artillerie, le 81e de ligne et le 3e chasseurs à cheval (1) sur le plateau en arrière près du reste de la brigade Lapasset ; le 95e de ligne prit position sur la rive gauche de la Sarre, sur le plateau dominant Sarreguemines.

Les ponts de la ville et un pont construit précédemment par le 5e corps à l'aide de bateaux du commerce, assuraient la communication entre les deux rives de la Sarre.

Rapport de la 1re division du 3e corps.

Sarreguemines, 5 août.

Événements et mouvements :

Le 5 août, à 10 heures du matin (2), la division, partant de Rosbrück, se met en route pour Sarreguemines, ayant été ralliée, vers 9 heures du matin, par le 95e, venant de Hombourg-le-Haut. La colonne principale arrive à Sarreguemines vers 5 heures du soir et s'y installe. Les 62e et 95e de ligne arrivent vers 7 heures du soir. Dans la soirée, d'après les renseignements donnés à l'arrivée, les troupes reçoivent l'ordre de se tenir prêtes à prendre les armes dans la matinée du 6, avant le lever du soleil.

---

(1) Trois escadrons seulement. Les deux autres, détachés jusqu'à présent à la division Decaen, avaient reçu l'ordre de rallier la division Montaudon le 6 août.

(2) Le Journal de marche de la division indique midi.

51ᵉ : Un détachement de 345 hommes est arrivé du dépôt.

62ᵉ : Un détachement de 637 hommes est arrivé du dépôt.

Demandes :

Les voitures de l'état-major de la division, la voiture des officiers de l'état-major, ne sont encore point parvenues et le besoin en est des plus pressants.

51ᵉ : 500 hommes du premier détachement venus du dépôt n'ont que 72 cartouches au lieu de 90. 345 hommes venus du dépôt ne sont pas munis de cartouches ni de ceintures de flanelle.

Réponse au rapport de la 1ʳᵉ division du 3ᵉ corps.

Sarreguemines, 5 août.

Le lieutenant-colonel Louis, du 62ᵉ, fera à Sarreguemines fonctions de major de la garnison. Il établira un poste d'un officier et 25 hommes à la gare du chemin de fer ; 1 officier et 25 hommes à la mairie ; une compagnie au pont de la Blies Ces postes seront fournis par le 95ᵉ.

Aux deux brigades. — Nous sommes très près de l'ennemi ; il est nécessaire de faire bonne garde ; pendant le jour il y aura très peu de postes ; la moitié des hommes sera toujours prête à prendre les armes, et de piquet.

A la 1ʳᵉ brigade. — La 1ʳᵉ brigade fournira un bataillon à Wising, grande ferme sur la route de Bitche, à 6 kilomètres de Sarreguemines, qu'il occupera militairement en observant les environs. Ce bataillon partira demain à 5 heures du matin.

1 brigadier et 4 chasseurs du 3ᵉ régiment (1) seront détachés avec ce bataillon à la ferme de Wising. Ils seront rendus à 4 h. 3/4 au quartier général du général Aymard (2), qui leur indiquera le bataillon avec lequel ils doivent marcher. Lorsque ces chasseurs devront se rendre à Sarreguemines, ils devront bien prendre garde de se faire couper.

Un peloton de chasseurs se rendra demain matin à 3 heures auprès du général commandant la 1ʳᵉ brigade afin de faire une reconnaissance au delà des avant-postes. Il enverra des éclaireurs d'après les indications qui lui seront données par le général, ou par le chef de la grand'-garde auprès de laquelle il sera envoyé.

A la 2ᵉ brigade. — Le poste du pont de la Blies sera fourni par le

---

(1) Affecté comme cavalerie divisionnaire à la division Montaudon.

(2) Commandant la brigade.

81e de ligne jusqu'à nouvel ordre. Ce poste sera composé d'une compagnie ; le major de la garnison n'aura pas à le commander.

DIVISION DE CASTAGNY (1).

Journal de marche.

5 août.

La division va de Saint-Avold à Puttelange : distance 24 kilomètres. Départ à midi 1/2 ; arrivée à Puttelange à 5 h. 1/2.

DIVISION DECAEN (2).

Journal de marche.

5 août.

Contre-ordre à 2 heures du matin (3). La division doit partir (4) à la pointe du jour pour Saint-Avold en passant par Coume, Niederwisse, Boucheporn et Longeville. Arrêtées en vue de Saint-Avold par le passage des divisions Metman et Castagny, du 3e corps, les troupes de la division n'occupent les camps qui leur sont assignés qu'au coucher du soleil.

Toutes campent à l'Est et au Sud-Est de la ville, à l'exception du 85e de ligne dont 2 bataillons, à cheval sur les routes de Carling et de l'Hôpital placent des grand'gardes et des petits postes dans les bois en avant de la frontière, et dont le 3e occupe le mamelon du cimetière.

DIVISION METMAN (5).

Journal de marche.

5 août.

Le 5 août, à 6 heures du matin, arrive l'ordre de se mettre en route

---

(1) Cette division manque encore, le 5 août, d'aiguilles, de rondelles de caoutchouc, de pièces de rechange d'armement et d'un certain nombre d'effets de campement.

(2) L'ambulance de cette division ne possède, le 5 août, aucune grande tente pour malades et est incomplète en brancards et en couvertures.

(3) La division Decaen devait, d'après un ordre du 4 août, se rendre le 5 à Ham-sous-Varsberg.

(4) De Teterchen.

(5) D'après une note du colonel du 7e de ligne, appartenant à cette division, ce régiment ne compte, le 5 août, que 400 hommes par bataillon.

pour aller camper à Marienthal, village situé sur la route de Saint-Avold à Sarreguemines, à 9 kilomètres à l'Est de Saint-Avold. La longueur totale de l'étape est de 20 kilomètres.

La division se met en route à 8 heures, la droite en tête. La cavalerie (1) et la 1re brigade font la route sans encombre et arrivent à leur campement à midi. La 2e brigade, en approchant de Saint-Avold, reçoit l'ordre du maréchal commandant le 3e corps de faire le café.

Pendant qu'elle y est occupée, la 2e division du 3e corps se met en marche pour Puttelange et prend la route que doit suivre la 2e brigade de la 3e division, en sorte que cette brigade se trouve séparée de la 1re. Son mouvement est retardé de plusieurs heures et elle n'arrive à Marienthal que vers 5 heures du soir. La division campe en dehors du village qu'elle entoure complètement.

DIVISION DE CAVALERIE (DE CLÉREMBAULT).

Journal de marche.

5 août.

1 maréchal des logis, 1 brigadier et 8 cavaliers du 8e dragons, partis de Saint-Avold à 7 heures du matin pour escorter un envoi de numéraire fait par le payeur général du 3e corps d'armée au payeur de la 1re division d'infanterie à Rosbrück. Ce détachement est rentré.

Les 3 escadrons du 2e chasseurs envoyés le 4 à Boulay, sont rentrés au bivac de Saint-Avold, le 5 août, à 10 heures (2).

M. l'abbé Bellay, désigné comme aumônier de la division de cavalerie est arrivé le 5 au bivac de Saint-Avold.

Les 2 escadrons du 3e chasseurs détachés à la division Decaen se sont rendus le 5 de Teterchen à Saint-Avold où ils sont arrivés à 9 h. 1/2 du matin (3).

---

(1) 10e régiment de chasseurs à cheval.

(2) La 1re brigade de la division de cavalerie du 3e corps comptait 3 régiments, 2e, 3e et 10e chasseurs. Le maréchal Bazaine les répartit ainsi le 5 août :

Le 2e chasseurs resta avec le gros de la division de cavalerie ;

Le 3e chasseurs fut affecté tout entier (5 escadrons) à la division Montaudon ;

Le 10e chasseurs fournit un escadron à chacune des trois autres divisions d'infanterie, les deux autres escadrons restèrent avec le gros de la division de cavalerie.

(3) Ils avaient reçu l'ordre de rallier la division Montaudon le 6 août.

Un escadron du 4ᵉ dragons (le 3ᵉ), parti d'après les ordres du général de division, à 5 heures du matin, pour aller en reconnaissance sur la route de Carling. Il est rentré au bivac à 8 heures, signalant qu'il est revenu par l'Hopital et qu'il n'a pas vu l'ennemi.

Un escadron du 5ᵉ dragons, parti en reconnaissance d'après l'ordre du général de division, à 5 heures du matin, pour explorer les localités de Porcelette et Diesen. Il est rentré au bivac à 9 heures n'ayant pas rencontré l'ennemi.

ARTILLERIE (3ᵉ CORPS).

Situation du parc de campagne.

Metz, 5 août.

UNITÉS.	OFFI-CIERS.	HOMMES		CHEVAUX	
		montés.	non montés.	d'of-ficier.	de troupe.
Etat-major......................	16	»	»	5	»
1ʳᵉ batterie du 4ᵉ régiment........	»	»	52	2	»
3ᵉ compagnie d'artificiers.........	»	»	12	»	»
7ᵉ compagnie d'ouvriers..........	»	»	14	»	»
1ʳᵉ compagnie du 1ᵉʳ régiment du train.......................	»	127	»	2	198
1ʳᵉ compagnie *bis* du 1ᵉʳ régiment du train......................	»	127	»	2	192
7ᵉ compagnie du 1ᵉʳ régiment du train.......................	»	128	»	1	198
7ᵉ compagnie *bis* du 1ᵉʳ régiment du train.......................	»	127	»	2	198
TOTAL........	16	509	78	14	786
TOTAUX GÉNÉRAUX...		603		800	

Journal de marche de la réserve et du parc d'artillerie.

5 août.

Séjour au camp sous Saint-Avold. Les deux autres subdivisions du parc (3ᵉ et 4ᵉ) rallient les deux premières sous le commandement du colonel de Bar qui n'a laissé à Metz qu'une quarantaine de voitures contenant des rechanges et autres. Chacune des quatre subdivisions a été organisée de telle sorte qu'on y trouve des munitions de tout genre.

GÉNIE (3e CORPS).

Journal de marche.

5 août.

La 4e compagnie entreprend, à la manutention de Saint-Avold, la construction de 4 fours en maçonnerie, dits *de 24 heures*. Le capitaine Mensier reçoit, dans la soirée, l'ordre d'aller étudier la position d'un vaste camp retranché en arrière de Forbach, la gauche s'appuyant à Théding et la droite à la Sarre.

b) Organisation et administration.

Le maréchal Le Bœuf au maréchal Bazaine, à Saint-Avold.

Metz, 5 août.

J'ai l'honneur de vous informer, en réponse à votre lettre n° 14 du 3 courant, qu'il m'est impossible de vous faire connaître exactement l'époque à laquelle arrivera la compagnie du génie destinée à la 4e division de votre corps d'armée; mais d'après les informations qui m'ont été données, je puis vous assurer qu'elle ne peut tarder à arriver; les troupes qui viennent d'Afrique sont rendues en France pour la plupart, et il n'y a aucune raison pour que votre compagnie du génie ne les suive pas.

c) Opérations et mouvements.

Le Major général au maréchal Bazaine, à Boulay (D. T.).

Metz, 5 août, 12 h. 45 matin.

Je confirme ici une dépêche que l'Empereur vous a adressée dans la soirée. Vous porterez demain 5 août, la division Metman à Marienthal; la division Montaudon à Sarreguemines; la division Castagny à Puttelange sur le Moderbach; la division Decaen et les réserves de votre corps d'armée à Saint-Avold. Vous vous rendrez de Boulay, demain, à votre nouveau quartier général qui sera Saint-Avold, quand les reconnaissances qui doivent être faites le matin par les troupes du général Ladmirault auront été exécutées.

Veuillez accuser réception.

Le maréchal Bazaine au général Frossard, à Brême-d'Or (D. T. Ch.).

Saint-Avold, 5 août, 11 h. 45 matin.

Je n'ai pu répondre à votre dépêche d'hier, mandé que j'étais par l'Empereur à Boulay. Je reviens ce matin. Les divisions du 3e corps font les mouvements suivants par ordre de l'Empereur :

La division Montaudon va à Sarreguemines ; la division Castagny à Puttelange ; la division Metman à Marienthal et la division Decaen vient à Saint-Avold où reste mon quartier général.

Avez-vous reçu des instructions du Major général (1) ?

Le maréchal Bazaine au Major général, à Metz (D. T. Ch.).

Saint-Avold, 5 août, 12 h. 35 soir.

J'arrive à Saint-Avold à 11 heures, après avoir fait un long parcours par Teterchen, Creutzwald-la-Croix et Ham-sous-Varsberg. Tous les renseignements s'accordent à dire qu'il n'y a personne sur la rive gauche de la Sarre que quelques grand'gardes et des coureurs. On ajoute que l'ennemi fait un petit camp retranché en arrière de Sarrelouis. La division Montaudon est partie ce matin pour Sarreguemines. La division Metman vient de dépasser Saint-Avold, se rendant à Marienthal. La division Castagny quitte Saint-Avold à midi pour se rendre à Puttelange. La division Decaen arrive en ce moment à Saint-Avold.

Le maréchal Bazaine à l'intendant Friant, à Saint-Avold.

Saint-Avold, 5 août.

Faites évacuer immédiatement par les troupes du train le camp où elles sont sur la route de Longeville, et envoyez-les s'établir au Petit-Eberswiller, en arrière de Saint-Avold, près de la route de Sarreguemines qui devra rester complètement dégagée.

Le maréchal Bazaine au Major général (D. T.).

Saint-Avold, 5 août, 9 h. 55 soir.

Le général de Lorencez a dirigé une reconnaissance jusqu'à Filsberg d'où l'on découvre parfaitement Sarrelouis. Aucun ennemi ne s'est montré. A peine si l'on a pu apercevoir de loin quelques rares vedettes. Les gens du pays, interrogés, disent qu'il y a peu de monde renfermé dans la place, et qu'ils n'ont point connaissance d'un camp qui serait formé sous ses murs.

De nouvelles reconnaissances seront faites demain. Je vous instruirai du résultat.

---

(1) Voir la réponse du général Frossard, page 66.

Le général Frossard me prévient que, par ordre de l'Empereur, il reporte son quartier général à Forbach, qu'il fera son mouvement cette nuit et que par suite il aura une division à Forbach comme auparavant, une autre à Spicheren, et la troisième à OEting.

Le maréchal Bazaine au général Montaudon, à Sarreguemines.

Saint-Avold, 5 août.

Le maréchal commandant le 3ᵉ corps d'armée a décidé que vous conserverez à Sarreguemines les trois escadrons du 3ᵉ chasseurs que vous avez déjà, et que les deux autres escadrons et l'état-major de ce régiment vous y rallieront.

Ce mouvement s'exécutera demain dans la journée. Le général commandant la division de cavalerie est chargé de donner des ordres à cet effet.

Le maréchal Bazaine au général de Castagny, à Puttelange.

Saint-Avold, 5 août.

Si Sarreguemines est sérieusement attaqué, vous devrez appuyer le général de Montaudon. Mettez-vous donc immédiatement en rapport avec lui.

Le maréchal Bazaine au général Metman, à Ham-sous-Varsberg.

Boulay, 5 août, 3 h. 1/2 du matin.

Le général Metman devant, d'après de nouveaux ordres, dépasser aujourd'hui Saint-Avold dans sa marche, ne devra pas attendre pour commencer son mouvement, d'avoir été relevé dans ses positions par la division Decaen. Il devra se mettre en marche à 5 heures du matin et marcher en bon ordre de division pour se rendre à Marienthal, route de Metz à Bitche, à 6 kilomètres de Saint-Avold.

Le maréchal Bazaine au général Metman, à Marienthal.

Saint-Avold, 5 août.

Le maréchal commandant en chef le 3ᵉ corps a décidé que le 10ᵉ régiment de chasseurs ne détacherait plus désormais qu'un seul escadron à la 3ᵉ division d'infanterie. Un escadron de ce même régiment sera également affecté à chacune des 2ᵉ et 4ᵉ divisions.

Les deux autres escadrons et l'état-major rallieront la division de cavalerie sur l'ordre qui en sera donné par le général commandant cette division.

Le même au même.

Saint-Avold, 5 août.

Le général Metman renverra demain, au quartier général, l'état-major et 4 escadrons du 10e chasseurs.

Il ne gardera pour son service divisionnaire qu'un seul escadron de ce régiment.

Le général Castagny, établi à Puttelange, laissera en intermédiaire pour assurer le service de la correspondance entre lui et le général Metman, 1 maréchal des logis, 1 brigadier et 8 hommes.

Le Commandant du 1er escadron du 10e chasseurs au général (sic) (1).

Ham-sous-Varsberg, 5 août.

Je suis parti de Ham-sous-Varsberg à 4 heures du soir avec mon escadron et 2 compagnies d'infanterie pour me rendre à Creutzwald, afin d'en observer les abords du côté de la frontière.

Après avoir fait fouiller le pays par quelques éclaireurs, je me suis avancé sur le plateau que traverse la route de Saint-Avold à Sarrelouis et me suis établi avec ma troupe dans un pli de terrain, à environ 1 kilomètre de la frontière.

Quelques cavaliers, soutenus par de l'infanterie, ont été détachés pour fouiller la lisière des bois situés à droite et sur la gauche de la route.

Ces cavaliers, en prenant toutes les précautions nécessaires pour ne pas être surpris, ont pénétré assez avant dans les bois où ils n'ont vu ni trouvé aucune trace indiquant que des troupes ennemies y fussent établies.

Poussant plus loin ma reconnaissance, je me suis avancé jusqu'à 2 kilomètres au delà de la frontière française, sur un point qui me permettait de découvrir toute la vallée au-dessous de Berus, où aucune troupe n'a été remarquée.

Des habitants que j'ai questionnés m'ont cependant donné avis que quelques fantassins prussiens avaient été vus embusqués dans le bois qui touche au village de Creutzwald, que j'ai quitté à 8 heures du soir.

---

(1) Au général Metman.

Le maréchal Bazaine au général Decaen, à Saint-Avold.

Saint-Avold, 5 août.

J'ai donné des ordres pour que le service de patrouilles et de découverte dans la direction de *Carling* fut fait, à partir de demain matin, par des détachements de la division de dragons.

Vos deux bataillons (1) campés à la *cote 278*, à l'entrée de la forêt de Saint-Avold, n'auront donc qu'à rester militairement établis à l'entrée du bois, sur la route de Saint-Avold à Sarrelouis et du côté de Saint-Avold.

Ces bataillons se garderont militairement pendant la nuit par un système de petits postes placés assez loin en avant dans les bois et aux endroits commandant les routes.

Ordre de la 4ᵉ division.

Saint-Avold, 5 août.

La 2ᵉ brigade se gardera militairement et particulièrement et avec plus de soin sur sa gauche. Elle n'est couverte par aucune troupe sur la route de *Carling* et de *l'Hopital*.

Deux bataillons du 85ᵉ sont spécialement chargés de la surveillance et de la défense de ces deux routes et placés à cheval sur leur direction. Celle de Carling est surtout importante à observer.

A cet effet, deux compagnies de grand'garde seront envoyées par ces bataillons, une pour chacun ; savoir :

Une sur la route de *l'Hopital*, placée à hauteur du champ de tir de l'artillerie ;

Une sur la route de *Carling* à hauteur de l'étang de *Todtman* dans le bois.

Ces compagnies établiront des petits postes dans le bois et en avant sur la route de Carling, pour en observer le débouché à la sortie du bois du côté de Carling.

Ce soir à 6 heures, un peloton de 25 chasseurs à cheval, dont 1 officier, 1 maréchal des logis, 2 brigadiers et 1 trompette sera conduit au camp de la 2ᵉ brigade par un officier d'état-major de la division, et mis sous les ordres du général Sanglé-Ferrières qui, dès la pointe du jour, attachera ce peloton au service des deux grand'gardes et *surtout* celle placée sur la route de *Carling*, pour placer des vedettes bien avant sur cette route et observer ce qui se passe au village de Carling. Ce service sera fait régulièrement entre la position de la grand'garde et l'extrémité du bois donnant sur la direction de *Carling*.

---

(1) Du 85ᵉ de ligne. Voir le document qui suit.

Ce peloton de cavalerie sera relevé tous les soirs à 6 heures.

Pendant la nuit, on le fera placer dans le camp du 85e ; mais à la petite pointe du jour il devra être en position devant les grand'gardes.

Dans le cas où le 3e régiment de chasseurs viendrait à être relevé par un autre régiment, le colonel de Sansal remettrait l'ordre à son successeur.

Le maréchal Bazaine au général de Clérembault, à Saint-Avold.

Saint-Avold, 5 août.

J'ai arrêté ainsi qu'il suit la répartition de la brigade de chasseurs :

Le général de Montaudon, à Sarreguemines, gardera avec lui les trois escadrons du 3e chasseurs qu'il a déjà, et y sera rallié par les deux autres escadrons et l'état-major de ce régiment.

Le général de Castagny, à Puttelange, aura un escadron du 10e chasseurs.

Le général Metman (3e division) aura un escadron du 10e chasseurs à Marienthal.

Le général Decaen, à Saint-Avold, aura également un escadron du 10e chasseurs.

L'état-major et les deux autres escadrons de ce régiment, et tout le 2e chasseurs, sauf un escadron d'escorte, resteront à la disposition du général de Bruchard. Ces divers mouvements s'exécuteront demain dans la journée. Veuillez donner des ordres pour son exécution. Les généraux de division d'infanterie sont prévenus par moi.

Le même au même.

Saint-Avold, 5 août.

Ainsi que je vous l'ai dit, et tant que votre division sera établie dans ses quartiers actuels, vous ferez constamment observer par vos dragons la route de *Sarrelouis à Carling*, à travers la forêt. La force de ces patrouilles et reconnaissances sera réglée par vous, et les dragons qui en seront chargés laisseront leurs casques au camp afin de pouvoir au besoin entrer sous bois et mettre pied à terre, si cela devient nécessaire, pour repousser les partisans ennemis.

Ce service devra commencer à la pointe du jour et cesser à la nuit.

Chaque vingt-quatre heures, vous enverrez *un de vos régiments, en casque*, camper au Haut-Hombourg ; une fois installé, ce régiment organisera un service de patrouilles et de reconnaissances pour surveiller la frontière entre *Merlebach, Rosbrück, Morsbach* et *Emersweiler*, de manière à empêcher également les partisans ennemis de venir tirer des coups de feu jusque sur le chemin de fer.

Les patrouilles et reconnaissances envoyées par le régiment de Haut-Hombourg laisseront leur casque au camp et devront marcher en képi.

Le régiment envoyé au Haut-Hombourg, pouvant y recevoir un ordre de départ, ne devra rien laisser au camp sous Saint-Avold.

Ce service devra commencer demain matin de bonne heure, et vous en prescrirez le relèvement toutes les vingt-quatre heures, de manière que les patrouilles et reconnaissances soient faites par le régiment qui aura couché au Haut-Hombourg.

Le colonel commandant ce régiment devra se garder militairement nuit et jour; il n'a point d'infanterie devant lui.

Le général de Rochebouët au général Soleille, à Metz (D. T.).

Saint-Avold, 5 août, 9 heures du matin.

Ni attelages, ni wagons, ni réquisitions pour ramener de Forbach l'équipage de pont du 3e corps. Prière d'envoyer un train à Forbach pour le ramener à Saint-Avold ou mieux à Metz. Prière de répondre immédiatement.

En marge : Demander que la compagnie de l'Est reçoive l'ordre de ramener de Forbach à Saint-Avold le matériel de ponts qui avait été précédemment transporté de Metz à Forbach.

De la main du major général Le Bœuf : « Attendre ».

Le général Soleille au général de Rochebouët, à Saint-Avold (D. T.).

Metz, 5 août.

J'avais pensé à faire transporter votre équipage de ponts à Saint-Avold par chemins de fer; le Major général prescrit d'attendre.

Note pour le commandant Hurstel (1) (du capitaine de la 3e compagnie du 2e régiment du train ?)

Le 5, le général Rochebouët arrive au camp à Saint-Avold à 9 heures du matin et me donne l'ordre d'envoyer des attelages à Forbach chercher l'équipage de ponts du 3e corps. Il ajoute qu'il enverra un nouvel ordre pour faire partir les attelages. Les chevaux sont garnis, mais l'ordre de départ n'arriva pas. On attendit jusqu'à 3 heures et on fit dégarnir (2).

---

(1) Chef d'escadron au 16e régiment d'artillerie-pontonniers.

(2) Cette note est du capitaine Nussbaum, commandant l'équipage

d) Situation et emplacements.

Situation sommaire d'effectif au 5 août.

CORPS.	HOMMES.	CHEVAUX.	EMPLACEMENTS.
Division de Montaudon...............	8,934	594	Sarreguemines.
Division de Castagny...............	8,794	728	Puttelange.
Division Metman.................	9,370	631	Marienthal.
Division Decaen.................	9,675	678	Saint-Avold.
Division de cavalerie (de Clérembault).	4,318	4,073	Id.
Divers........................	310	268	
Réserve d'artillerie...............	1,359	1,279	Id.
Génie........................	229	100	Id.
Parc d'artillerie (1)...............	»	»	Id.
TOTAL........	42,986	8,354	

(1) Équipage de ponts à Forbach.

Journée du 5 août.

4e CORPS.

a) Journaux de marche.

DIVISION DE CISSEY.

Journal de marche.

5 août.

Les capitaines Garcin et de La Boulaye sont envoyés en reconnaissance de grand matin vers Waldwisse. Cette reconnaissance, appuyée par un escadron de hussards et deux compagnies d'infanterie, a l'ordre de pénétrer sur le territoire prussien et de tâcher de se procurer des

---

de ponts du 2e corps, que le général commandant l'artillerie de ce corps avait fait rétrograder le 3 août de Forbach sur Saint-Avold.

nouvelles du prétendu mouvement du prince Frédéric-Charles (de Trèves vers Sierck). Vers 9 heures du matin, une dépêche du quartier général du 4ᵉ corps, prévient le général de Cissey que ce n'est plus sur la gauche, mais sur la droite, que doit s'opérer la concentration du 4ᵉ corps d'armée. Le général fait alors prévenir sa reconnaissance de rallier promptement Kirschnaumen, et prend ses dispositions pour marcher sur Bouzonville. La 1ʳᵉ division trouve sur ce point la division de Lorencez et la division de cavalerie Legrand.

DIVISION GRENIER (1).

Journal de marche.

5 août.

Pendant la nuit, contre-ordre (2) : La division part seulement à 10 heures pour Teterchen, situé à 3 kilomètres de Brettnach. Elle s'y établit sur deux lignes : 1ʳᵉ brigade, moins les chasseurs, contre le village; la 2ᵉ brigade en avant, et le 5ᵉ bataillon de chasseurs en avant encore, sur un plateau dominant tout le pays, l'artillerie dans le bas du village, avant d'arriver au chemin de Coume.

Les deux bataillons du 98ᵉ, restés à Boulay (3), rallient la 2ᵉ brigade.

Le général de Ladmirault, qui avait porté son quartier général à Bouzonville, passe à Teterchen, se rendant à Boulay, et il donne l'ordre au général de Bellecourt de porter toute sa division à Boucheporn, en faisant faire une reconnaissance vers Sarrelouis. La 2ᵉ brigade (Pradier) est chargée de cette opération avec trois pièces d'artillerie et l'escadron (2ᵉ hussards) d'escorte.

A 8 heures du soir, une alerte se produit : la division prend les armes et se porte en position à l'Est de Teterchen, sur les pentes dominant Hargarten, point vers lequel on avait signalé l'ennemi.

L'escadron de hussards envoyé en reconnaissance fait savoir que 18 dragons prussiens seulement ont paru à Hargarten et il les refoule au delà de Falck et de Merten. Le général de Bellecourt fait rentrer ses troupes au campement, laissant les hussards à Hargarten, en observation, mais il contremande la reconnaissance que devait faire le lendemain matin le général Pradier, la considérant comme faite.

---

(1) Le général Grenier, nommé au commandement de la 2ᵉ division du 4ᵉ corps, ne prit ses fonctions que le 6 août.

(2) L'ordre donné la veille était de reprendre la route de Coume à 6 heures du matin.

(3) Pour escorter un convoi de vivres.

*Historique des 5ᵉ, 6ᵉ et 7ᵉ batteries du 1ᵉʳ régi-
ment* (1).

5 août.

Nous revenons sur nos pas pour camper à Teterchen. L'administration, ainsi que cela lui est arrivé plusieurs fois pendant ces quelques
marches opérées sur la frontière, ne peut nous fournir ni fourrage, ni
viande, les batteries doivent se suffire à elles-mêmes.

Alerte vers 7 h. 1/2 du soir, l'infanterie va rapidement prendre position. Les trois batteries de combat gravissent au trot les rues de Teterchen et viennent se former en batterie sur le plateau dominant le
village, l'ennemi étant supposé déboucher de Tromborn. Vers 10 heures,
nous rentrons au camp par une pluie torrentielle. Deux bataillons du
13ᵉ de ligne, portés en avant de la position pour reconnaître le terrain,
passent la nuit sur le terrain, sans tentes ni vivres. Cette alerte était
déterminée par l'apparition, à Falck, de quelques cavaliers prussiens,
qui sont venus brûler quelques meules de fourrage et mettre quelques
habitants à contribution.

DIVISION DE LORENCEZ.

Journal de marche.

5 août.

La division reste dans ses positions de la veille (à Bouzonville). Une
reconnaissance, composée de 2 bataillons du 33ᵉ et de 2 escadrons du
7ᵉ hussards, s'avance sur la route de Sarrelouis, jusqu'à environ 6 kilomètres du camp (2).

*Rapport du 2ᵉ bataillon de chasseurs à pied, du 4 au
5 août.*

Bouzonville, 5 août.

Le bataillon a quitté son camp sous Teterchen, le 4, à 7 h. 1/2 du
matin. Il a formé tête de colonne de la division et s'est dirigé sur
Bouzonville, qu'il a atteint à 9 h. 1/2. Le bataillon est campé à 1 kilo-

---

(1) Cet Historique est daté de Bourges, 31 août 1871.

(2) Les escadrons du 7ᵉ hussards rentrèrent sans avoir vu l'ennemi
« mais, ayant acquis la certitude, d'après les renseignements obtenus,
« qu'un parti d'éclaireurs ennemis, appartenant à un corps d'armée
« considérable, était cantonné dans le village d'Ittersdorf. » (Historique du 7ᵉ hussards.) On ne songea pas à vérifier l'exactitude de ce
renseignement.

mètre en avant de Bouzonville, sur la droite de la route de Sarrelouis, à la droite de la brigade.

DIVISION DE CAVALERIE (LEGRAND).

Journal de marche.

5 août.

Le 5 août, l'état-major de la division et la brigade de dragons sont rentrés à Boulay.

Ordre de la division de cavalerie.

Bouzonville, 5 août.

Départ de la brigade de dragons, de Bouzonville à Boulay, à midi et demi ; les bagages passant par la route directe, escortés par un peloton de dragons.

Le poste laissé à Bettange rentre demain.

Le général de Ladmirault au Chef d'état-major de la division de cavalerie, à Boulay.

Boulay, 5 août.

Prière de vouloir bien donner des ordres pour que le poste qui était établi à Mazagran, pour le service de la correspondance avec Metz, soit rétabli dès ce soir. Il devra être fourni par le 3ᵉ dragons.

Le général de Ladmirault au général Legrand, à Boulay.

Boulay, 5 août.

J'ai l'honneur de vous prier de faire désigner, dans chacun des régiments de hussards faisant partie de votre division, un sous-lieutenant parfaitement monté et d'une excellente santé, pour porter les dépêches importantes que l'on ne peut confier aux escortes habituelles.

Ces deux officiers seront attachés en permanence à l'état-major général du corps d'armée, de manière qu'ils puissent suivre les mouvements de tous nos corps et apprendre à bien connaître le pays, afin d'assurer l'arrivée prompte à destination des dépêches qui leur seront confiées.

Ces deux officiers rejoindront le plus tôt possible le quartier général du corps d'armée (1).

_____

(1) On rappelle ici que Napoléon 1ᵉʳ expédiait presque toujours les ordres en double, parfois même en triple expédition pour être sûr qu'ils parvinssent à destination. Voir à ce sujet : lieutenant-colonel de

b) **Organisation et administration.**

Ordre général.

Boulay, 5 août.

Le général Grenier, nommé général de division par décret impérial du 30 juillet, a été appelé, par décision du même jour au commandement de la 2ᵉ division du 4ᵉ corps d'armée. Cet officier général, étant arrivé à son poste, prendra, à partir de demain 6 août, le commandement de sa division.

Le général de Ladmirault au Major général, à Metz.

Bouzonville, 5 août.

J'ai l'honneur de vous adresser le reçu d'un exemplaire de la carte au 1/80,000 du département de la Moselle. Je vous prie de vouloir bien m'adresser de nouveaux exemplaires de cette carte, afin qu'il me soit possible d'en distribuer aux officiers de mon état-major et aux différents chefs de service.

c) **Opérations et mouvements.**

Le général de Ladmirault au maréchal Bazaine, à Saint-Avold.

Bouzonville, 5 août.

J'ai l'honneur de vous accuser réception de la dépêche de l'Empereur que vous me faites tenir par un de vos officiers d'ordonnance, le capitaine Raynaud.

En conséquence de ces dispositions, mes troupes prendront, aujourd'hui 5 août, les positions suivantes :

La 1ʳᵉ division descendra de Sierck sur Bouzonville ;

La 3ᵉ division restera à Bouzonville ;

La 2ᵉ division occupera Teterchen et Coume (1).

Demain, 6 août, mes positions seront :

La 2ᵉ division à Boucheporn ;

La 1ʳᵉ division à Teterchen ;

La 3ᵉ division à Boulay, avec mes parcs et la réserve de cavalerie.

Philip, *Étude sur le service d'état-major pendant les guerres du premier Empire.* Paris, Chapelot, 1900, page 130 et suivantes.

(1) Toute la 2ᵉ division campa près de Teterchen.

Aujourd'hui même, à midi, mon quartier général sera à Boulay avec une brigade de dragons.

Le Major général au général de Ladmirault, à Boulay (D. T.).

Metz, 5 août, 4 h. 37 soir.

Faites-moi connaître les emplacements qu'occupent vos divisions ce soir.

Le général de Ladmirault au Major général, à Metz (D. T.).

Boulay, 5 août, 5 h. 6 soir.

Je viens d'arriver à Boulay. Mes divisions ont fait mouvement aujourd'hui. Demain, 6 août, elles seront en ligne et occuperont les positions convenues. La reconnaissance que j'ai fait diriger ce matin en vue de Sarrelouis n'a révélé aucun fait nouveau. L'ennemi ne s'est montré sur aucun point de ce côté ; je vous écris pour plus amples détails.

Le général de Ladmirault au maréchal Bazaine, à Saint-Avold, et au Major général, à Metz.

Boulay, 5 août, 6 h. soir.

J'ai fait évacuer aujourd'hui la position de *Sierck* qui était occupée par la 1re brigade de la division *de Cissey*. Elle est descendue à Colmen, se rapprochant ainsi de Bouzonville. La 2e brigade de la même division (Cissey) est venue bivouaquer à Bouzonville.

J'ai maintenu à Bouzonville la 3e division (Lorencez). La 2e division (Grenier) occupe Teterchen.

J'ai quitté Bouzonville à midi, emmenant avec moi la brigade de dragons, la réserve d'artillerie, l'ambulance et le trésor. J'ai laissé à Bouzonville la brigade de hussards, aux ordres du général de Lorencez.

Demain samedi, 6 août, une forte reconnaissance sera dirigée en vue de Sarrelouis par le général de Lorencez. Pendant que cette reconnaissance s'exécutera, la 1re division (Cissey) ira s'établir à Teterchen. Le général de Lorencez rentrera par Tromborn-Teterchen, et arrivera demain, 6 août, avec sa division à Boulay.

J'aurai donc pour demain, 6 août, encore de grandes forces réunies entre Bouzonville et Teterchen. Ces forces permettront de parer à l'éventualité.

Demain, 6 août, le 2e division (Grenier) ira s'établir à Boucheporn, point indiqué par le maréchal Bazaine. De cette façon, demain, 6 août, à midi, mon corps d'armée se trouvera réparti de la manière suivante :

1re division (de Cissey) à Teterchen, avec la brigade des 2e et 7e hussards ;

2e division (Grenier) à Boucheporn, avec un escadron de hussards.

3e division (Lorencez) à Boulay, avec toutes mes réserves.

Ainsi, demain 6 août, avant midi, Bouzonville aura été complètement évacué.

Aujourd'hui, 5 août, j'ai fait diriger par la division Lorencez une reconnaissance jusqu'à *Filsberg* d'où l'on découvre parfaitement la place de Sarrelouis. Aucun ennemi ne s'est montré. A peine si l'on a pu apercevoir de loin quelques rares vedettes. Les gens du pays, interrogés, disent qu'il y a peu de monde renfermé dans la place et qu'ils n'ont pas connaissance d'un camp qui serait formé sous ses murs.

Demain, 6 août, ainsi que je vous l'ai dit plus haut, une nouvelle reconnaissance sera dirigée de ce côté par le général de Lorencez qui, de là, se portera tout droit à *Boulay* où il arrivera avec la 3e division.

d) Situations et emplacements.

Situation sommaire de l'effectif au 5 août (1).

CORPS.	OFFICIERS.	TROUPE.	TOTAUX.	CHEVAUX	EMPLACEMENTS.
Quartier général.........	51	82	133	145	Boulay.
Division de Cissey	185	6,185	6,370	558	Bouzonville, Kirschnaumen, Colmen.
Division Grenier	214	7,656	7,870	647	Teterchen.
Division de Lorencez......	280	8,196	8,476	469	Bouzonville.
Division de cavalerie (Legrand)...............	170	2,016	2,186	1,977	Boulay.
Réserve et parc d'artillerie (1)...............	49	1,629	1,678	1,654	Id.
Réserve et parc du génie...	4	138	142	74	Id.
Services divers du quartier général du corps d'armée.	43	803	846	744	
TOTAUX.....	996	26,705	27,701	6,238	

(1) Le parc d'artillerie est à Verdun.

(1) Dans cette situation, les indisponibles entrent pour : 117 officiers, 2,560 hommes et 103 chevaux.

Journée du 5 août.

5e CORPS.

a) Journaux de marche.

Journal de marche du 5e corps d'armée (1).

5 août.

Le 5, à 5 heures du matin, le 5e corps commence son mouvement sur Bitche. Le 5e lanciers a reçu l'ordre, la veille au soir, de se porter en avant de Rohrbach, vers la frontière, pour couvrir le passage de la colonne, qui exécute ainsi, devant l'ennemi, une marche de flanc toujours dangereuse.

La division Goze part de la ferme de Wising, précédée et flanquée par des hussards divisionnaires.

La marche du 5e corps est des plus pénibles, en raison de la grande chaleur et de la distance (32 kilomètres). La 1re division est arrêtée à la ferme de Freudenberg, où elle arrive seulement vers 4 heures. Cette ferme est située à 2 kilomètres de Bitche, sur le plateau que gravit la route de Sarreguemines. Une brigade de la division Lespart y campe déjà; la 1re division s'établit à côté d'elle.

Le général de Failly arrive à Bitche vers 2 heures, avec son Etat-Major général. Il s'empresse aussitôt de télégraphier au général L'Abadie de faire son trajet de Sarreguemines à Bitche en deux jours et de coucher à Rohrbach avec l'artillerie de réserve, en raison de la grande fatigue qu'il doit nécessairement éprouver.

Quand il quittera Rohrbach, le 6 au matin, il devra laisser un bataillon comme soutien du 5e lanciers, jusqu'à l'arrivée de la brigade Lapasset, qui le fera relever par un bataillon du 97e.

Peu de temps après son arrivée à Bitche, pendant que ses deux divisions étaient en marche, le général en chef reçoit une dépêche du major général qui lui annonce que, par ordre de l'Empereur, le 5e corps passe sous les ordres du maréchal de Mac-Mahon.

A 5 heures, le général de Failly reçoit, par deux voies différentes, une

---

(1) Il existe un second Journal de marche du 5e corps, rédigé par le capitaine de Piépape. On ne le reproduit pas ici pour la journée du 5 août, parce que tous les passages qui complètent le premier Journal ou en diffèrent ont été utilisés pour le récit et cités souvent textuellement.

nouvelle dépêche du maréchal, qui lui enjoint de faire occuper immédiatement Lemberg, si cela lui est possible ; c'est de la dernière urgence.

Aussitôt surgit une incertitude sur l'identité du point à occuper.
Lemberg, bien que gardant un défilé des Vosges, semblait trop au sud
pour être menacé. Lembach, au contraire, pouvait permettre de couper
la retraite à un ennemi venant de Wissembourg, en agissant sur ses
derrières. Une erreur de nom semblait probable.

Cependant, le général de Failly s'empresse d'envoyer un escadron de
hussards, dirigé par le colonel Clément, sous-chef d'État-Major général,
pour reconnaître la position de Lemberg. Cette reconnaissance rentre
à 8 heures sans avoir absolument rien découvert.

La brigade Lapasset, laissée à Sarreguemines, signale que la division Montaudon n'y est pas encore arrivée à midi ; alors, le général
en chef lui prescrit de ne pas voyager la nuit et de remettre son départ
pour Bitche au lendemain au besoin.

Le sous-préfet de Sarreguemines annonce que le télégraphe et le
chemin de fer sont rompus à Bliesbrücken par les Prussiens.

A la rentrée de la reconnaissance sur Lemberg, le général télégraphie au maréchal, vers 9 heures, qu'il y a lieu de penser que ce n'est
pas Lemberg, mais bien Lembach qu'il s'agit d'occuper, et demande
avec quel effectif il doit faire garder ce point.

Le général en chef prescrit ensuite un ordre de mouvement pour le
lendemain, afin de faire remplacer dans ses différentes positions la
division Lespart par la 1ʳᵉ division.(Goze), et celle-ci par la brigade
Maussion à son arrivée de Rohrbach.

La division Lespart devenait ainsi disponible pour être mise à la disposition du maréchal.

A 11 heures du soir, une nouvelle dépêche du maréchal de Mac-
Mahon (datée de Frœschviller, 8 h. 10) prescrit au général de Failly
de venir à Reichshoffen avec tout son corps d'armée, le plus tôt possible, et d'envoyer au 1ᵉʳ corps, qui manque de vivres, un convoi de
ce qui peut exister d'approvisionnements à Bitche.

La place de Bitche étant dépourvue de vivres et la gare n'ayant pas
le matériel nécessaire pour en transporter, le général en chef écrit au
général Montaudon à Sarreguemines, pour que le général Lapasset
laisse son convoi dans cette ville et que les denrées, sans les voitures,
soient envoyées à Reichshoffen par le chemin de fer, aussitôt qu'il sera
réparé. Si le général Lapasset et le 5ᵉ lanciers ne peuvent plus
rejoindre le 5ᵉ corps à Bitche, le général Montaudon devra les garder.

La division Lespart fut prévenue, au milieu de la nuit du 5 au 6, de
se tenir prête à se mettre en mouvement le 6 au matin, au point du
jour, les autres divisions devront la suivre aussitôt que la concentration pourra s'en faire et que les circonstances le permettront.

L'issue malheureuse du combat de Wissembourg pour la division Douay rendait plus impérieux le devoir de ne pas disséminer les divisions. Il était indispensable de rallier la division L'Abadie, pour se porter en force vers le maréchal de Mac-Mahon, d'autant plus que la présence de l'ennemi était signalée à Deux-Ponts et à Pirmasens.

Dans cette même nuit, la brigade Maussion (2º division), arrêtée à Rohrbach, resta sous les armes et dut prendre position, par une pluie battante, en avant du village, l'ennemi étant signalé. Mais il n'attaqua pas.

Vers 3 heures du matin, le général de Failly répond par le télégraphe à la dernière dépêche du maréchal qu'il ne peut disposer en ce moment que d'une division, qu'il la réunit et qu'il va la diriger sur Reichshoffen ; que, faute d'approvisionnements, il envoie au 1ᵉʳ corps toute la réserve de la 3º division et qu'il donne des ordres pour un deuxième convoi.

Il lui fait connaître également que Bliesbrücken est occupé par l'ennemi et que le télégraphe et le chemin de fer de Sarreguemines sont rompus.

1ʳᵉ DIVISION.

Rapport du général baron Nicolas, commandant la 2º brigade (1).

5 août.

La division, réunie en entier, quitte Wising le lendemain 5, à 4 heures, se dirigeant sur Bitche. La 2º brigade formant l'arrière-garde fit sa grand'halte au delà de Rohrbach, près de la station de Klein-Rederching. La présence de l'ennemi était signalée vers Uttweiler, Omersviller et Riesweiler. La marche de la brigade fut éclairée de ce côté, elle put passer le défilé de Holbach sans être inquiétée. A 3 heures elle prenait position à l'Ouest de Bitche, appuyant sa gauche à la route de Sarreguemines ; elle se développait sur deux lignes déployées sur les hauteurs boisées du ravin qui descend de Freudenberg vers Schorbach.

Le 61ᵉ reçut dans ce bivouac un détachement qui porta son effectif à 70 officiers et 1880 hommes. Aucun d'eux n'était pourvu d'effets de campement.

Rapport du Commandant de l'artillerie de la division (2).

5 août.

Le 5 août, départ pour Bitche à 5 heures du matin ; arrivée à 5 heures

---

(1) Manuscrit daté de Wiesbaden, le 1ᵉʳ mars 1871.
(2) Manuscrit daté de Grenoble, le 15 septembre 1871.

du soir. Campement sur les hauteurs avant d'arriver à Bitche, à droite et à gauche de la route.

DIVISION DE L'ABADIE D'AYDREIN.

Journal de marche.

5 août.

Le départ de la division de L'Abadie, fixé à 4 heures du matin, fut retardé par le passage du grand quartier général du 5ᵉ corps, prenant les devants pour arriver à Bitche le même jour, ainsi que le quartier général de la division de cavalerie. On marche dans l'ordre ci-après :

> Escadron divisionnaire (1).
> 1 bataillon du 49ᵉ.
> 1 section du génie avec des outils.
> 1 section d'artillerie.
> 1 bataillon du 49ᵉ (2).
> 1 section du génie.
> 2 sections d'artillerie.
> 3 compagnies du 14ᵉ bataillon de chasseurs à pied (les 3 autres compagnies escortant les batteries Kramer, Arnoult, Dulon).
> 1 batterie à balles (capitaine Arnoult).
> Réserve de munitions de l'artillerie (3 caissons à deux roues de munitions d'infanterie).
> 1 bataillon du 88ᵉ.
> Réserve d'artillerie du corps d'armée ; 6 batteries escortées chacune par une compagnie du 88ᵉ.
> Ambulances par ordre de division.
> Trésor, par ordre de division.
> Voitures de l'administration.
> Bagages du corps.
> Prévôté.
> 1 bataillon du 88ᵉ.

La batterie Dulon est laissée au général Lapasset. La compagnie du 14ᵉ chasseurs qui l'escorte (capitaine de Garros) reste avec elle.

La route est facile, le temps est beau.

---

(1) Du 5ᵉ hussards.

(2) Le 3ᵉ bataillon du 49ᵉ ligne, qui n'est pas mentionné, a cependant exécuté sa marche sur Rohrbach avec les deux autres. (Historique du 49ᵉ de ligne.)

On fait la grand' halte à Gros-Rederching, et on arrive à Rohrbach à 1 heure après midi.

Peu de temps après, le 5ᵉ lanciers rentrait à son camp et ne signalait rien du côté de l'ennemi.

Afin d'être à portée des ressources du village, on établit le bivouac dans les vergers et dans les champs qui l'avoisinent au Nord et au Nord-Est.

Dans l'après-midi, le général de division reçoit l'ordre de laisser un bataillon à Rohrbach avec le 5ᵉ lanciers. Le tour appelle à rester le bataillon du commandant Paris, du 49ᵉ. Il devra être relevé par un bataillon du 97ᵉ que le général Lapasset laissera à son passage dans le village.

Vers la fin du jour, des paysans signalent la présence de l'ennemi en grandes masses dans la région de Volmunster. Cette nouvelle détermine le général de l'Abadie à choisir pour la nuit du côté du chemin de fer, sur la hauteur, une position de combat sur laquelle il fait bivouaquer les troupes d'infanterie et les batteries de combat de l'artillerie. Le temps devient mauvais, la pluie commence pour durer jusqu'au lendemain vers 8 heures du matin. L'ennemi ne paraît pas.

Dans la soirée une reconnaissance allemande de cavalerie, dont la force est évaluée à un régiment, vient faire une réquisition à Gros-Rederching, village où on avait fait la grand' halte dans la matinée; elle pille quelques voitures d'un convoi de vivres amené par un officier comptable qui échappe avec peine aux mains de ces cavaliers.

Des distributions ont lieu sur réquisitions faites à Rohrbach par le sous-intendant militaire de la division.

Un détachement du 68ᵉ, commandé par un lieutenant et allant rejoindre la division Guyot de Lespart à Bitche, campe avec la division.

La division Goze était arrivée à Bitche, rejoignant la division Guyot de Lespart qui se trouvait dans cette place depuis le 24 juillet. Dans sa marche elle avait été précédée par deux escadrons du 5ᵉ hussards éclairant la colonne.

Au passage à Rohrbach, le général de la Mortière (1), établi en ce point, était monté à cheval avec le 5ᵉ lanciers, et appuyé par un bataillon d'infanterie mis à sa disposition, il avait couvert le mouvement de cette division.

La brigade Nicolas, de la division Goze, campe à l'Ouest de Bitche, sur les hauteurs boisées qui bordent le ravin qui descend de Freudenberg sur Schorbach.

L'ambulance, le trésor, la poste, la prévôté de la division de cavalerie

---

(1) Commandant la 2ᵉ brigade de la division de cavalerie.

devaient suivre avec les voitures auxiliaires sous l'escorte du 3ᵉ lanciers et de l'escadron du 12ᵉ chasseurs chargés de former l'arrière-garde, mais ils reçurent l'ordre supérieur de se joindre au général Lapasset qui devait aussi se porter sur Bitche, amenant les convois de vivres du corps d'armée.

L'escadron du 12ᵉ chasseurs détaché à la division Guyot de Lespart est remplacé par un escadron du 5ᵉ hussards.

Des hommes de la réserve rejoignent le 61ᵉ de ligne à Bitche. Ce régiment compte alors 70 officiers et 1880 hommes.

Les nouveaux arrivés étaient dépourvus d'effets de campement. Ils ne purent en toucher à Bitche.

Le génie du corps d'armée s'occupe de la continuation des travaux de défense. Le colonel commandant cette arme, M. Veye dit Chareton, rédigea une instruction pour la défense de cette forteresse, et la laissa à l'officier commandant le génie dans cette place.

Notes du colonel de Vanteaux sur le 5 août (49ᵉ régiment d'infanterie).

..... A notre arrivée à Rohrbach, à 1 heure, les habitants étaient très émotionnés. Un régiment de cuirassiers prussiens, franchissant la frontière, était venu la veille dans le village ; ils prétendaient qu'on pouvait apercevoir d'assez nombreuses colonnes ennemies longeant la frontière de l'autre côté de la Blies.

..... Nous nous trouvions à la crête d'un immense glacis qui s'étendait en pente douce jusqu'à la frontière et à la rivière de la Blies ; nous découvrions une partie du territoire ennemi.

..... Le soir, on imagina de tendre une immense embuscade à la crête de ce glacis : le 14ᵉ bataillon de chasseurs, le 49ᵉ et le 88ᵉ en entier prirent les armes et se rangèrent le long de cette crête avec deux batteries, dont une de mitrailleuses.

..... Nous restâmes sous les armes pendant toute la nuit, qui fut pluvieuse. Les patrouilles poussées le long du chemin de fer ne remarquèrent rien. La nuit fut tranquille, mais les troupes furent très fatiguées de cette nuit sans sommeil, par la pluie.

Journal de marche de la brigade Lapasset.

5 août.

Le 5ᵉ corps quitte Sarreguemines et se dirige sur Bitche. La brigade Lapasset, composée des 84ᵉ et 97ᵉ, et augmentée pour la circonstance du 3ᵉ lanciers et de la 7ᵉ batterie du 2ᵉ d'artillerie, est chargée de conduire un convoi de 750 (1) voitures allant sur cette dernière place et de rallier les grand'gardes laissées par le 5ᵉ corps, ainsi que les ambulances et le trésor; mais elle reçoit l'ordre de ne pas commencer son mouvement avant l'arrivée à Sarreguemines de la division Montaudon, du 3ᵉ corps, qui y était annoncée pour 7 heures du matin.

Le général avait reçu à ce sujet la dépêche télégraphique suivante :

Général de Failly au général Lapasset.

« Ne voyagez pas la nuit, ne quittez Sarreguemines *aujourd'hui* que dans le cas où la division Montaudon vous aurait remplacé assez tôt, de manière à ce que vous puissiez être établi à Gros-Rederching au moins une heure avant la nuit.

« Donnez-moi avis de ce que vous ferez aussitôt que vous serez fixé à ce sujet.

« Le général de l'Abadie couche à Rohrbach avec une brigade.

« Pour votre marche, faites-vous éclairer au loin sur votre gauche par votre régiment de lanciers qui doit cantonner à Rohrbach avec le 3ᵉ régiment de lanciers.

« Si vous couchez aujourd'hui à Gros-Rederching, vous partirez demain matin.

« Si vous ne partez que demain de Sarreguemines, vous viendrez coucher à Rohrbach, de manière à faire le trajet de Bitche en deux jours. »

La division Montaudon n'arrive à Sarreguemines qu'à 5 h. 1/2 du soir. L'ennemi ayant intercepté la route de Bitche, et les ordres du général commandant le 5ᵉ corps prescrivant de n'engager le convoi qu'autant que la route serait libre, la brigade et le convoi campent sur leurs emplacements.

Durant la nuit, de fréquentes alertes ont lieu aux avant-postes, et une bonne partie des troupes reste sous les armes.

DIVISION GUYOT DE LESPART.

Néant.

DIVISION DE CAVALERIE (BRAHAUT).

Journal de marche.

5 août.

Le 5ᵉ corps d'armée quitte Sarreguemines pour aller occuper Bitche. Le général de division part à 5 heures du matin avec son état-major et se joint au général en chef.

(1) 600 voitures. Voir page 102.

Deux escadrons du 5e hussards à l'avant-garde éclairent et couvrent la marche du corps d'armée. Les deux autres marchent avec les divisions d'infanterie Goze et de l'Abadie.

Le 3e régiment de lanciers et l'escadron du 12e chasseurs avaient reçu l'ordre de former l'arrière-garde et de se mettre en marche après les voitures du train auxiliaire, ainsi que la brigade Lapasset, de la division l'Abadie.

Par suite de cet ordre, la division s'est trouvée réduite de cinq escadrons qui n'ont plus jamais rejoint, et a été privée, pendant toute la durée de la campagne, de son ambulance, de son trésor et de sa force publique, ainsi que des voitures du train auxiliaire qui lui étaient affectées.

Au passage du corps d'armée à Rohrbach, le général de la Mortière reçoit l'ordre de prendre le commandement du 5e lanciers, renforcé par un bataillon d'infanterie. Il couvre avec ces troupes la marche de la colonne et reste à Rohrbach.

Le général de division a son quartier général à Bitche.

L'escadron du 12e chasseurs, qui était détaché à la division Guyot de Lespart est remplacé par un escadron du 5e hussards et rejoint les trois autres escadrons de son régiment.

ARTILLERIE (5e CORPS).

Rapport du colonel de Salignac-Fénelon sur l'artillerie du 5e corps.

5 août.

Le 5 août, de grand matin, les divisions Goze et de l'Abadie et la réserve d'artillerie quittèrent Sarreguemines pour se rendre à Bitche. Mais, par suite de faux renseignements disant que l'ennemi pouvait attaquer le lendemain à Rohrbach, l'état-major général et la division Goze poursuivirent seuls leur route sur Bitche; la division de l'Abadie, qui ne se composait que de la brigade de Maussion et du 14e bataillon de chasseurs (la brigade Lapasset avait été laissée à Sarreguemines avec la batterie Dulon et une compagnie du 14e bataillon de chasseurs), reçut, ainsi que la réserve d'artillerie, ordre de s'arrêter à ce village, situé à 13 kilomètres de Bitche. Le soir, à 9 heures, le général de l'Abadie plaça lui-même la brigade de Maussion et la réserve d'artillerie en position de combat non loin de la gare du chemin de fer et un peu en arrière de la crête d'où pouvait déboucher l'ennemi. Ces troupes bivouaquèrent sur ce terrain toute la nuit du 5 au 6 août, exposées à une pluie torrentielle; elles ne rentrèrent à leurs camps respectifs qu'après 5 heures du matin, recevant l'ordre de ne se mettre en route pour Bitche qu'à 10 heures du matin, ce qui eut lieu.

GÉNIE (5ᵉ CORPS).

Rapport sur le service du génie du 5ᵉ corps.

5 août.

De retour à Bitche le 5 août, avec le 5ᵉ corps, moins la 1ʳᵉ brigade de la 2ᵉ division d'infanterie, laissée à Sarreguemines, et la 2ᵉ brigade de cette division et la cavalerie, laissées à Rohrbach, le génie continua de s'occuper de la mise en état de défense du fort, et son commandant rédigea une instruction pour cette défense, destinée au commandant du génie qui venait d'être envoyé dans cette place.

c) Opérations et mouvements.

Le général de Failly au Major général, à Metz (D. T.).

Bitche, 5 août, 3 h. 20 soir.

Je suis à Bitche; la division Goze est à la ferme de Freudenberg. Le général de l'Abadie, avec une brigade, est à Rohrbach et y couchera. Sa 2ᵉ brigade est encore à Sarreguemines où la division Montaudon n'est pas encore en vue.

Rien de nouveau à Bitche.

Le Major général au général de Failly, à Bitche (D. T. Ch.).

Metz, 5 août, 4 heures soir.

Le maréchal de Mac-Mahon télégraphie de Reischoffen à l'Empereur qu'avec votre aide il serait en mesure de prendre l'offensive. .

L'Empereur vous renouvelle la recommandation de vous mettre immédiatement en communication avec le Maréchal et de vous conformer à ses ordres.

Le général de Failly au général Montaudon, à Sarreguemines (D. T.).

Bitche, 5 août, 5 h. 30 soir.

Ayant l'ordre d'appuyer sur ma droite, j'ordonne aux troupes qui sont à Wising de rejoindre Bitche.

Le général de Failly au maréchal de Mac-Mahon (D. T.).

Bitche, 5 août, 6 heures soir.

La division Lespart est seule à Bitche et partira à 6 heures du matin pour vous rejoindre. Les autres divisions suivront par la route de Niederbronn aussitôt leur arrivée successivement à Bitche (1).

Le maréchal de Mac-Mahon au général de Failly (D. T.).

Reischoffen, 5 août, 8 heures soir.

Si cela vous est possible, occupez immédiatement la position de Lemberg; c'est de la dernière urgence.

Le maréchal de Mac-Mahon au général de Failly, à Bitche (D. T.).

5 août, 8 h. 10 soir.

Venez à Reischoffen avec tout votre corps d'armée le plus tôt possible : nous manquons de vivres, et si vous avez à Bitche des approvisionnements, formez un convoi spécial de vivres de toute nature, que vous mettrez au chemin de fer et qui arrivera cette nuit.

Vos troupes viendront par la grande route, et j'espère que vous me rallierez dans la journée demain. Accusez-moi réception (2).

Le général de Failly au maréchal de Mac-Mahon (D. T.).

Bitche, 5 août, 8 h. 45 soir.

Je ne puis disposer en ce moment que d'un régiment d'infanterie et d'un régiment de cavalerie. Que dois-je envoyer à Lemberg?

Le général de Failly au maréchal de Mac-Mahon (D. T.).

Bitche, 5 août, 9 heures soir.

Renseignements pris, j'ai lieu de penser que ce n'est pas le poste de

---

(1) Ce télégramme était une réponse à un télégramme du maréchal de Mac-Mahon, arrivé à Bitche à 5 h. 30 du soir, et ainsi conçu : « Faites-moi connaître immédiatement quel jour et par où vous me « rallierez. Il est indispensable et urgent que nous réglions nos opé- « rations ». (Journal de marche du capitaine de Piépape, pièce n° 222 bis.)

(2) Cette dépêche est arrivée à 11 heures du soir. (Historique du 5e corps.) Elle a donc mis près de 3 heures à parvenir à Bitche, tandis que la précédente, expédiée à 8 heures du soir, est arrivée à destination en 45 minutes au plus. (Réponse du général de Failly à 8 h. 45.)

Lemberg, gare de chemin de fer au Sud de Bitche, qu'il s'agit d'occuper.

Il n'y a rien d'anormal dans cette direction. Il doit s'agir de Lembach, à 32 kilomètres Est de Bitche. Faites-moi connaître l'effectif des troupes à y envoyer. Demain, à 10 heures seulement, je pourrai, par suite du mouvement de concentration qui s'opère sur Bitche, disposer, en cas de départ, de la division Lespart.

La réserve d'artillerie devra-t-elle marcher, ainsi que le convoi auxiliaire?

Il est impossible à la division Lespart de faire 32 kilomètres dans la journée si elle doit marcher militairement. Je viens d'en faire deux fois l'expérience.

Ordre de mouvement du 5e *corps.*

5 août, 5 h. 1/2 soir.

Demain 6 août, à 6 heures du matin, la division Goze viendra relever la division Lespart dans les positions que celle-ci occupe : un des régiments de la division Goze restera à la ferme de Freudenberg à la place du 68e jusqu'à l'arrivée de la brigade Maussion. Au fur et à mesure que les troupes de la division Lespart seront relevées dans les positions qu'elles occupent, elles se concentreront à l'Est de Bitche, près la route de Wissembourg. Le général Lapasset ne quittera Sarreguemines que lorsque la tête de colonne Montaudon arrivera en ville.

A la suite de la dépêche du maréchal de Mac-Mahon, arrivée à 11 heures du soir, cet ordre fut modifié et remplacé par le suivant :

5 août, minuit.

Les troupes de la division de Lespart campées au nord de Biche, qui devaient se concentrer seulement après avoir été relevées par la division Goze, se concentreront sans attendre ce mouvement.

Les corps prendront le café après la diane ; une heure et demie après, ils se mettront en marche. Ceux placés au nord se réuniront à la porte de Landau ; ceux placés en dehors de la porte de Lemberg traverseront la ville pour se réunir au delà du chemin de fer, sur la route de Strasbourg.

DIVISION GOZE.

Ordre de la division.

Bitche, 5 août.

Les camps sont consignés. On ne doit les quitter que pour le service et les corvées.

Le 5e corps passe, en ce qui concerne les opérations militaires, sous les ordres du maréchal de Mac-Mahon.

Un corps d'armée prussien se trouve à la frontière prêt à déboucher sur nos camps par l'ancienne route de Deux-Ponts. Sans croire à ce renseignement, le général en chef n'en rappelle pas moins de prendre les précautions que nécessite notre position vis-à-vis d'un ennemi très bien renseigné et assez audacieux pour savoir profiter de toutes les occasions que lui livrent notre *insouciance* et notre *incurie*.

Le Commandant de place de Sarreguemines au général de Failly.

Sarreguemines, 5 août.

Il est midi et demi ; la division Montaudon n'est pas encore arrivée. Toutes les dispositions relatives au convoi sont prises. Le départ aura ieu bien plus tard qu'on ne pensait.

Le maréchal Bazaine au Général commandant à Sarreguemines (D. T.).

Saint-Avold, 5 août, 12 h. 36 soir.

Reste-t-il à Sarreguemines une division du 5e corps ?

Le Commandant de place de Sarreguemines au maréchal Bazaine (D. T.).

Sarreguemines, 5 août, 2 h. 5 soir.

Le général Lapasset est à Sarreguemines avec deux régiments d'infanterie, une batterie d'artillerie et le 3e lanciers. Il doit partir pour Bitche avec le train auxiliaire du 5e corps, dès que la division Montaudon sera arrivée.

Cette division est signalée à 4 kilomètres de la ville. Le général de Failly est parti à 5 heures pour Bitche.

Le général Lapasset au Major général, à Metz (D. T.).

Sarreguemines, 5 août, 2 h. 20 soir.

Le 84e a rejoint ma brigade hier à Grosbliederstroff.

Aujourd'hui, nous nous trouvons ici à attendre depuis ce matin l'arrivée de la division Montaudon, afin de rallier le 5e corps à Bitche, avec le 3e lanciers, une batterie d'artillerie et 600 voitures du convoi.

Le général de Failly au général Lapasset, à Sarre-guemines.

Ne voyagez pas la nuit ; ne partez que demain matin, si Montaudon ne vous arrive pas, de manière à vous permettre d'être établi dans la soirée à Gros-Rederching (5 kilomètres Nord-Ouest de Rohrbach).

Le général Lapasset au général de Failly, à Bitche.

Le général Montaudon ne pouvant être à Sarreguemines que ce soir à 5 heures, j'ai contremandé le départ pour aujourd'hui ; je partirai demain à 4 heures du matin et je coucherai à Rohrbach.

Le général de Maussion au général de Failly, à Bitche.

La gare de Bliesbrücken est occupée par un détachement de cavalerie prussienne. Ils ont coupé les fils télégraphiques des deux côtés de la station.

Le général de Failly au général de Maussion.

Laissez à Rohrbach un bataillon comme soutien de la cavalerie. Il y restera jusqu'à l'arrivée du général Lapasset, qui le fera remplacer par un bataillon du 97e. Le général l'Abadie couchera à Rohrbach avec sa brigade et fera ainsi le trajet de Bitche en deux jours.

Le général de Failly au général L'Abadie, à Rohrbach (D. T.).

Bitche, 5 août, 9 h. 30 soir.

Vous ne m'avez pas fait connaître par le télégraphe si vous êtes arrivé à Rohrbach. Pendant la journée de demain, laissez provisoirement un bataillon à Rohrbach jusqu'à l'établissement de la brigade Lapasset. Faites couvrir tout le terrain au Nord de la route de Bitche, comme aujourd'hui, par le régiment de lanciers.

Si Lapasset arrive trop tard pour que le bataillon laissé par vous en arrière puisse rejoindre la ferme de Freudenberg avant la nuit, ce bataillon ne se mettra en route que le lendemain 7. Vous établirez la brigade Maussion à la ferme avec une batterie d'artillerie. Dès qu'elle sera en position, vous avertirez le régiment de la division Goze qu'il peut descendre à Bitche.

d) Situation et emplacements.

Situation sommaire d'effectif au 5 août.

CORPS.	HOMMES.	CHEVAUX.	EMPLACEMENTS.
Quartier général.	»	»	Bitche.
Division Goze.	7,950	706	Ferme de Freuden-berg.
Division de L'Abadie	7,956	642	Rohrbach, Sarregue-mines.
Division Guyot de Lespart.	7,950	697	Bitche.
Division de cavalerie (Brahaut).	2,227	2,007	Bitche. Sarreguemines. Rohrbach.
Divers.	956	617	
Réserve d'artillerie et du génie.	4,187	1,042	Rohrbach (1).
TOTAL.	28,226	5,711	

(1) Le parc d'artillerie s'organise à Épinal.

Journée du 5 août.

6ᵉ CORPS.

a) Journaux de marche.

Journal de marche du 6ᵉ corps d'armée.

5 août.

Arrivée, au camp de Châlons, de la 2ᵉ brigade de la 3ᵉ division d'infanterie (1).

Le 6ᵉ corps reçoit l'ordre de se rendre à Nancy.

(1) La 1ʳᵉ brigade est arrivée au camp de Châlons le 4 août. L'artillerie et la compagnie du génie de la division s'y trouvent depuis le 30 juillet.

DIVISION TIXIER.

Journal de marche.

5 août.

La division reçoit l'ordre de partir pour Nancy.

Un officier d'état-major part, afin de préparer le campement des troupes dans cette ville.

DIVISION BISSON.

Journal de marche.

5 août.

Manœuvre de division commandée par le général, avec une batterie d'artillerie. Départ à 6 heures, rentrée à 8 h. 1/2.

A 10 heures, la division reçoit l'ordre de se tenir prête à partir pour Nancy, par les voies ferrées.

DIVISION LA FONT DE VILLIERS.

Journal de marche.

5 août.

La 2ᵉ brigade arrive au camp.....

. . . .

La division se tiendra prête à partir dès demain, par le chemin de fer, pour Nancy. Elle suivra le mouvement de la 2ᵉ division d'infanterie. Une double ration de sucre et café sera emportée dans le sac avec deux jours de pain. On touchera aujourd'hui même deux cantines d'ambulance avec leur bât.....

ARTILLERIE.

Journal de marche.

5 août.

A la date du 5 août, le parc du 6ᵉ corps était complètement constitué à la Fère (1).

Le 5 août, l'artillerie du 6ᵉ corps est prévenue de se tenir prête à partir pour Nancy.

Les batteries divisionnaires ne marcheront point avec leurs divisions, mais elles seront formées en un train spécial d'artillerie, aussitôt que l'infanterie sera embarquée.

Les batteries de la 4ᵉ division (2) et celles de la réserve partiront par étapes et sur deux colonnes.

---

(1) Pas complètement. Voir pages 106-107.
(2) Voir note (1), page 108.

La première colonne, sous le commandement du colonel Desprels, se composera des batteries de la 4e division (10e régiment) et des quatre batteries du 10e régiment attachées à la réserve. Elle se mettra en marche le 7.

La deuxième colonne, composée de deux batteries du 14e et de deux batteries du 19e régiment à cheval, partira le 8, sous le commandement du lieutenant-colonel Maldan. Cette colonne sera accompagnée par la colonne du génie.

Le général commandant l'artillerie arrivera à Nancy dans la journée du 8.

Le colonel Chalillon, directeur du parc du 6e corps, au général Soleille, à Metz.

La Fère, 5 août.

J'ai l'honneur de vous rendre compte que les quatre réserves divisionnaires d'infanterie avec les quatre détachements du train d'artillerie sont partis hier de la Fère par la voie ferrée, en trois convois égaux.

Le même jour sont arrivées les compagnies 4 et 4 *bis*, comptant ensemble 2 officiers, 254 hommes de troupe, 400 chevaux.

A leur passage à Douai, ces compagnies ont reçu le harnachement nécessaire en pièces séparées; elles sont occupées en ce moment à les monter et à l'ajuster. En raison de l'inexpérience des hommes, les officiers commandants m'ont demandé un répit de deux jours pour compléter cette opération.

Depuis le 2 août, toutes les voitures livrées par la direction ont été vérifiées et prises en charge, savoir :

Affûts de rechange de 4 rayé de campagne.	9	à	4 chevaux.
— de 12 —	1	à	4 —
Caissons modèle 1858, pour munitions d'artillerie	82	à	4 —
Caissons modèle 1827, pour munitions de 12 rayé............................	24	à	6 —
Caissons modèle 1827, pour cartouches modèle 1866...........................	28	à	6 —
Caissons modèle 1827, pour cartouches modèle 1863...........................	4	à	6 —
Caissons légers à deux roues, pour cartouches modèle 1866.......................	3	à	2 —
Chariots de batterie modèle 1833........	8	à	4 —
Forges modèle 1827, outillées pour matériel de 12............................	2	à	6 —

Forges modèle 1827, outillées pour matériel

de 4............................... 3 à 6 chevaux.

Charrettes à bagages d'officiers........... 5 à 2 —

Toutes ces voitures sont en état de partir à la première réquisition. Il reste à recevoir de la direction :

Forges pour le ferrage des chevaux...... 7

Chariots de parc, munitions de canons à balles, outils, bois débités, rechanges, etc...................... 17

Ce matériel est sur roues et a une grande partie de son chargement, il y manque les objets suivants :

Forges..........{ Fers échantillonnés.
{ 1 coffre d'outils à serrures.

Chariots de parc.{ Bras de timon ferrés pour caisson   2
{ léger.......................   2
{ Volées ferrées pour chariot de parc.   2
{ Volées en blanc de campagne de 4..   3

Cordonnet de laine.....................   900 mètres.

Poudre à canon ....   1,200 kilogr.

Caissons à 2 roues.{ 3 harnais spéciaux.
{ 2,700 rondelles en caoutchouc.

J'aurai l'honneur de vous faire connaître, au fur et à mesure qu'elles seront faites, les livraisons destinées à compléter le parc.

c) Opérations et mouvements.

L'Empereur au maréchal Canrobert, au camp de Châlons (D. T.).

Metz, 5 août, 8 h. 33 matin.

Faites venir l'infanterie de vos trois divisions par le chemin de fer, directement à Nancy.

L'artillerie et la cavalerie suivront par étapes.

Le maréchal Canrobert au Ministre de la guerre, à Paris.

Camp de Châlons, 5 août.

Par ordre de l'Empereur, les 3 divisions d'infanterie du 6e corps doivent se rendre de suite du camp à Nancy par les voies ferrées. Veuillez donner des ordres au chemin de fer pour qu'il organise les trains nécessaires. Les 9 batteries divisionnaires suivent la même voie. L'Empereur ordonne que ce mouvement se fasse le plus tôt possible.

Le maréchal Canrobert au Ministre de la guerre, à Paris.

Camp de Châlons, 5 août

J'ai reçu l'ordre de me porter à Nancy avec la partie de mon corps d'armée qui est ici ; l'infanterie et l'artillerie divisionnaire prendront les voies ferrées ; la cavalerie et l'artillerie de réserve avec les parcs voyageront par étapes (1). Le 8 ou le 9 au plus tard, les trois divisions seront réunies autour de Nancy où les rallieront, le 13 et le 14, les troupes venant par étapes. Je serai à Nancy le 8 au matin.

Prière de diriger sur Nancy, au lieu de Châlons, les détachements du 6e corps.

Nécessité d'un officier général pour commander les 9 bataillons de garde nationale mobile s'ils restent au camp.

Hâter le remplacement du général Noël.

La division Lafont de Villiers est ici depuis ce matin.

Le maréchal Canrobert au Major général, à Metz.

Camp de Châlons, 5 août.

Le mouvement sur Nancy de mes trois divisions d'infanterie du camp, commencera demain matin 6 août à 6 heures.

La division de cavalerie quittera le camp demain. La réserve d'artillerie partira après-demain 7, se dirigeant sur Nancy par Verdun.

Le maréchal Canrobert au général commandant la 4e division militaire (2).

Camp de Châlons, 5 août.

Les troupes du 6e corps quittent le camp demain pour aller à Nancy. Dirigez sur cette ville les détachements annoncés par votre dépêche 2234, et ceux qui arriveraient ultérieurement.

Le maréchal Canrobert au général commandant la subdivision de Verdun (D. T.).

Camp de Châlons, 5 août, 8 heures.

Verdun est-il occupé par des troupes de cavalerie de l'armée du Rhin, et en quelle quantité ?

_____

(1) Ainsi que l'artillerie de la 4e division, d'après le Journal de marche de l'artillerie du 6e corps. Cette mesure s'explique, l'infanterie de cette division étant encore à Paris.

(2) Châlons-sur-Marne.

Ordre.

Camp de Châlons, 5 août.

Les boulangers prêtés à l'administration ne partiront pas ; ils rejoindront aussitôt que les besoins des colonnes en route auront été assurés. Les corps devraient rendre compte s'ils n'avaient pas rejoint dans un délai de 3 ou 4 jours.

Une double ration de sucre et de café sera emportée dans le sac avec du pain pour deux jours.

On touchera aujourd'hui même, par régiment, deux cantines d'ambulance avec leur bât.

Le quartier général sera encore le 7 au camp. A partir du 8, il sera à Nancy. Dans ces deux derniers jours, pour éviter toute erreur, on écrira aux deux endroits.

Les compagnies divisionnaires du génie partiront avec leurs divisions, seulement elles prendront place dans le train des batteries divisionnaires, qui suivra immédiatement le dernier train d'infanterie.

Le parc du génie voyagera avec la 2ᵉ colonne d'artillerie partant du camp le 8.

d) Situation et emplacements.

Situation sommaire d'effectif au 5 août.

CORPS.	HOMMES.	CHEVAUX.	EMPLACEMENTS.
État-major général.	79	85	Camp de Châlons.
Division Tixier.	10,107	547	Id.
Division Bisson.	8,602	536	Id.
Division La Font de Villiers.	7,523	475	Id.
Division Levassor-Sorval.	8,334	507	Paris.
Division de cavalerie (de Salignac-Fénelon).	3,678	3,326	Camp de Châlons.
Réserve d'artillerie.	1,224	1,085	Camp de Châlons (1)
Conducteurs du génie (quartier général).	39	64	Id.
Force publique.	88	60	
Services administratifs.	867	123	
Totaux.	40,544	6,775	

(1) Parc d'artillerie à la Fère.

Journée du 5 août.

GARDE IMPÉRIALE.

a) Journaux de marche.

Journal de marche.

5 août.

La Garde va bivouaquer à Courcelles-Chaussy sur la rive droite de la Nied française.

La division de cavalerie part à midi.

La division Deligny, après la division de cavalerie.

La division Picard, après la division Deligny.

Le quartier général, après la division Picard.

Le parc d'artillerie, laissé à Glattigny, rejoint.

L'installation des camps a lieu au milieu d'un violent orage que suit une pluie abondante.

Le régiment de lanciers est rejoint par l'escadron qu'il avait laissé à Saint-Cloud, au moment de son départ de Paris.

DIVISION DELIGNY.

Journal de marche.

5 août.

La division quitte le bivouac de Volmérange à 2 h. 1/2 de l'après-midi, prend le chemin de Varize et arrive à 5 heures à Courcelles-Chaussy, bourg situé à 16 kilomètres de Metz, sur la route de Forbach. Le quartier général, les services administratifs, le génie et la 1re brigade sont campés au Sud de Courcelles-Chaussy, la 2e et l'artillerie au Nord. Pendant l'installation des camps est survenu un violent orage suivi d'une pluie abondante qui a profondément détrempé le sol et a mis les troupes dans les plus mauvaises conditions pour passer la nuit.

Journal de marche de la 2e brigade (Garnier).

5 août.

La division, réveillée à 3 heures du matin, doit se rendre à Courcelles-Chaussy, mais elle ne quitte son bivouac qu'à 2 h. 1/2 de l'après-midi. Les distributions se font si mal et si lentement qu'elles sont la cause du retard apporté à la mise en route. En arrivant à Courcelles-Chaussy nous sommes assaillis par un orage épouvantable, aussi les bivouacs ne sont que des lacs de boue.

DIVISION PICARD.

Journal de marche.

5 août.

La division, après avoir reçu l'ordre de manger la soupe à 7 heures au plus tard, n'a quitté le camp qu'à 4 h. 1/4 du soir, pour se rendre sur les hauteurs qui dominent Courcelles-Chaussy, sur la route de Metz à Saint-Avold. La division passe par Condé-Northen, les Etangs, et arrive à Courcelles-Chaussy à 9 heures du soir, par un orage épouvantable. La 1re brigade marchait en tête, puis la 2e, l'ambulance, l'artillerie, les bagages, etc. Le train auxiliaire est parti du camp à 6 heures du soir et est arrivé le lendemain matin à 10 heures, le train auxiliaire des trois divisions de la Garde ayant marché sur la même route et les voitures s'étant enchevêtrées les unes dans les autres.

Journal de marche de la 2e brigade (Le Poitevin de La Croix).

5 août.

Réveil à 3 h. 1/2.

Distribution de pain et de biscuit pour deux jours, de viande pour un jour, de fourrage pour un jour, aussitôt après le réveil.

La soupe est faite et mangée à 7 heures.

On ne distribua qu'une demi-ration de viande à 3 h. 1/2 du matin ; la deuxième demi-ration est distribuée seulement à 9 heures.

On donne l'avoine seulement.

A midi 3/4 l'ordre de marche est donné pour 3 h. 1/2 dans l'ordre suivant :

1re brigade avec la section du génie en tête et deux prolonges vides du train en queue.

2e brigade, ambulance et trésor.

Artillerie divisionnaire.

Bagages des corps dans l'ordre de marche.

Train auxiliaire.

Itinéraire : Volmérange, Condé et les Etangs pour aller coucher à Courcelles-Chaussy.

Formation de deux conseils de guerre pour la division et envoi des nominations comme juges rapporteurs et commissaires impériaux.

La brigade part à 4 h. 10, traverse Volmérange, Condé–Northen, les Etangs ; à ce village, elle quitte la route de Boulay pour prendre à gauche celle de Courcelles-Chaussy.

A 2 kilomètres environ des Etangs, un orage épouvantable surprend la colonne ; on arrive au bivouac de Courcelles au milieu de terres où il est impossible de camper, vers 9 heures du soir. La pluie, accompagnée d'éclairs et de tonnerre, persiste jusqu'à 2 heures du matin. La plupart des hommes se réfugient dans un bois appartenant à M. de Tinseau, où ils allument des feux.

DIVISION DE CAVALERIE DESVAUX.

Journal de marche.

5 août.

Bivouac de Volmérange. — A 3 h. 1/2, réveil du camp. On procède immédiatement après aux distributions dans tous les corps de la division. On fait boire les chevaux qui n'ont pu être abreuvés dans la soirée précédente.

A 8 heures, l'ordre est donné de manger la soupe le plus tôt possible et de se tenir prêt à se mettre en marche à midi.

A midi, la division lève son camp, et commence à rompre dans l'ordre suivant pour se rendre à Courcelles, étape d'environ 10 kilomètres :

1re brigade et l'artillerie encadrée ;
2e brigade ;
3e brigade ;
La 3e compagnie du train des équipages de la Garde ;
Le convoi des voitures de réquisition auxiliaires du train.

Chacune de ces colonnes successives se met en marche avec des intervalles de trois quarts d'heure, et en observant les dispositions prescrites dans les marches précédentes.

On revient d'abord en arrière en repassant au village de Volmérange et au village des Etangs. Là, quittant la grande route, on prend à gauche un chemin vicinal et l'on remonte la rive droite de la Nied, jusqu'à 2 kilomètres du village de Courcelles, situé sur la nouvelle grande route de Metz à Saint-Avold et à Sarrebrück. C'est dans les vastes prairies de ce village que s'établit ce nouveau bivouac de la division, ainsi que celui du grand quartier-général de la Garde et celui des deux divisions d'infanterie.

Bivouac de Courcelles-Chaussy. — A 5 heures toutes les troupes de la division se trouvent rassemblées à ce nouveau camp.

A 6 heures du soir le régiment de lanciers est rejoint par l'escadron qu'il avait laissé en arrière au moment du départ de Paris pour le service d'honneur de Leurs Majestés à Saint-Cloud. A 7 heures survient un orage torrentiel qui dure une grande partie de la nuit et qui empêche l'arrivée du convoi des voitures auxiliaires du train, qui portent les approvisionnements de la division.

Dans ce bivouac de Courcelles, adossé à la rivière de la Nied, et intermédiaire entre les deux routes de Metz à Sarrelouis et Sarrebrück, les corps de la division campent chacun en colonne par escadron ou par division, suivant la profondeur du terrain en plaine.

Historique du régiment d'artillerie de la Garde.

5 août.

Marche sur Courcelles-Chaussy. — Le 5 août, la Garde revient sur ses pas jusqu'au village des Étangs, d'où elle gagne Courcelles par une route tortueuse et étroite sur laquelle, suivant l'usage, on a trouvé commode d'échelonner tout le corps d'armée (1).

La 1re division (2), partie la première à 2 heures du soir, atteint Courcelles à 6 heures. La 2e division ne se met en mouvement qu'à 4 heures.

Un orage épouvantable éclate au moment où elle fait halte au village des Étangs et dure la plus grande partie de la nuit. Les batteries de la 1re division, établies dans un bas-fond, non loin du cimetière, campent dans la boue. Celles de la 2e division ne sont guère mieux partagées.

A leur arrivée à Courcelles, vers 11 heures du soir, l'emplacement de leur camp n'avait pas même été déterminé. La pluie tombe à torrents. A la lueur des éclairs, la 3e batterie aperçoit une carrière de sable et un champ de chaume et s'y engage, bien que les roues s'enterrent jusqu'au moyeu. Les deux autres batteries s'établissent d'une manière analogue dans le voisinage. On tend les cordes de campement ; les chevaux y sont attachés et en arrachent à chaque instant les piquets. Les hommes font des feux et, dans la boue jusqu'aux genoux, attendent impatiemment le jour.

Le 5 août arrive l'ordre de changer de direction et de prendre la route de Saint-Avold. Les batteries partent à 2 heures pour Courcelles-Chaussy, où elles arrivent à 5 heures.

(Rédigé à Tarbes, août 1871.)

_____

(1) En réalité, la Garde avait exécuté le mouvement par deux routes.

(2) La réserve d'artillerie de la Garde comprenait deux « divisions », chacune de deux batteries de 4. Elle n'avait pas de batteries de 12, comme les autres corps d'armée, mais la division de cavalerie de la Garde avait, exceptionnellement, deux batteries à cheval, comme les pivisions de la réser vede cavalerie.

Historique du parc d'artillerie de la Garde.

5 août.

Le 5 août, de nouveaux ordres étant arrivés dans la nuit, le parc quitte de grand matin Glattigny pour se rendre à Urville, à 3 kilomètres de Courcelles-Chaussy, sur la route de Metz à Saint-Avold.

Un violent orage accompagné d'une pluie torrentielle rend fort pénible l'établissement du camp à la nuit et dans les terres labourées, complètement inondées.

(Rédigé à Tarbes, août 1871.)

c) Opérations et mouvements.

Ordre.

Volmérange, 5 août, minuit 1/2.

La distribution de viande sera faite assez à temps pour que les troupes puissent manger la soupe demain matin, 5 du courant, vers 7 heures au plus tard.

A dater de ce jour, et en nous rapprochant de l'ennemi, les généraux de brigade s'occuperont activement du placement et du service des grand'gardes. Ils s'entendront entre eux pour relier leurs avant-postes.

Le général Bourbaki à l'Empereur et au Major général, à Metz (D. T.).

Boulay, 3 août, 10 h. 9 matin.

J'ai fait reconnaître ce matin un bon emplacement pour la Garde impériale, près de Courcelles-Chaussy. J'établirai mon quartier général dans ce village aujourd'hui, à 2 heures. Les troupes seront installées au bivouac dans la journée, sur un espace de terrain suffisamment étendu ; elles s'y rendront en suivant deux routes différentes. Toutes les ressources nécessaires pour faire vivre le corps pendant quelque temps se trouvent dans le pays même.

Le général Deligny au général Bourbaki, à Volmérange.

Volmérange, 5 août.

J'ai l'honneur de vous faire connaître que tous les corps de ma division auront mangé la soupe à *midi*.

En marge : La division Deligny se mettra en route après la division de cavalerie ; elle prendra ses dispositions de marche après elle. Cette division ne suivra pas la route de la cavalerie : l'itinéraire de celle qu'elle doit prendre va lui être donné.

La division Picard partira après la division Deligny, mais suivra la route de la cavalerie.

Le général Bourbaki au général Deligny. — Ordre.

Volmérange, 5 août.

La division Deligny ira bivouaquer ce soir à Courcelles-Chaussy. Elle prendra ses dispositions pour se mettre en route aussitôt après la division de cavalerie, qui part à midi et doit passer par Volmérange et les Étangs, pour se rendre également à Courcelles. La division Deligny rétrogradera également sur Volmérange, où elle prendra un chemin de traverse la conduisant à Varize. Un officier d'état-major lui remettra à l'entrée de Volmérange l'itinéraire détaillé de la route qu'elle doit suivre.

Ordre de la division de voltigeurs.

Volmérange, 5 août.

A moins de cas imprévu, la sonnerie du boute-charge, dont le signal sera donné par l'état-major de la division, précédera toujours d'une demi-heure celle de l'assemblée.

Les tentes ne seront abattues qu'au boute-charge, et les faisceaux ne seront rompus qu'à la sonnerie de l'assemblée.

La sonnerie de la brigade qui partira la dernière sera réglée par cette brigade.

La division ira bivouaquer ce soir à Courcelles-Chaussy. Le départ aura lieu à 1 heure. Le boute-charge sera sonné à midi 1/2.

La 2e brigade partira la première, précédée d'une avant-garde constituée comme il suit :

   Un peloton de cavalerie ;
   A 500 mètres en arrière : un bataillon de la 2e brigade ;
   La compagnie du génie avec ses outils.

Colonne :

   Le reste des bataillons de la 2e brigade ;
   Les trois batteries d'artillerie ;
   La 1re brigade, moins un bataillon destiné à former l'arrière-garde ;
   Les bagages, dans l'ordre indiqué pour la marche d'hier ;
   Le bataillon d'arrière-garde.

Le 2e voltigeurs marchera en tête de la brigade.....

Le général Picard au général Bourbaki, à Volmérange.

Camp de Volmérange, 5 août, 6 heures du matin.

Il est 6 heures, et les distributions en pain, fourrage et avoine n'ont pu encore avoir lieu. La viande, qu'on délivre en ce moment seulement, est d'une qualité tellement mauvaise que les corps hésitent à la recevoir. Je doute donc que la soupe puisse être mangée à 7 heures, ainsi que vous l'aviez prescrit (1).

Le général Bourbaki au général Picard. — Ordre.

Volmérange, 5 août.

La division Picard ira bivouaquer ce soir à Courcelles-Chaussy, où se rend toute la Garde.

Elle se mettra en route après la division de cavalerie et la division de voltigeurs. La division de cavalerie commencera son mouvement à midi et sera suivie de celle de voltigeurs.

La division Picard se rendra à Courcelles par Volmérange, Condé-Northen et les Étangs.

Elle enverra chez le chef d'état-major général un officier auquel sera remis l'itinéraire de la route qu'elle doit suivre, et sur laquelle elle sera précédée par la division de cavalerie.

En marge : La soupe sera mangée à 3 heures. On se tiendra prêt à partir à 3 h. 1/2 dans l'ordre suivant : 1re brigade, 2e brigade, artillerie, bagages. Le signal du départ sera donné par le général de division.

Au boute-charge, les malades à transporter seront amenés au camp du train.

On passera par Volmérange, Condé et les Étangs pour aller coucher à Courcelles-Chaussy.

Le général Desvaux au général de France.

Camp de Volmérange, 5 août.

Les diverses distributions n'ayant pas été faites aux heures fixées, la

_____

(1) La préoccupation de l'heure à laquelle la soupe devait être mangée provenait sans doute de la lettre de l'Empereur au général Bourbaki, en date du 4 août. (Voir 5e fascicule, page 360.)

soupe ne pourra probablement pas être mangée à 7 heures. On devra la faire et la manger le plus tôt possible avant de se mettre en route.

Rendre compte *de suite* de l'heure à laquelle on pense que cette soupe pourra être mangée.

Du reste la marche sera fort courte et on ne se mettra pas en route avant midi.

Réponses au dos. — La soupe pourra être mangée aux dragons à 10 h. 1/2.

Dupart.

La soupe pourra être mangée aux lanciers à 11 heures.

Latheulade.

Le général Desvaux au général Bourbaki, à Volmérange.

Bivouac de Volmérange, 5 août.

J'ai l'honneur de vous informer qu'*à 11 heures* toutes les troupes de la division auront mangé la soupe.

En marge. — Partir à midi ; rétrograder de Volmérange pour se rendre à Courcelles-Chaussy. Un officier se trouvera à l'entrée du village pour indiquer le chemin à prendre, et remettre au général l'itinéraire à suivre.

Par les Étangs, la cavalerie et la division Picard.

Toutes les troupes en armes.

Ordre de la division.

Bivouac de Volmérange, 5 août.

La division de cavalerie partira aujourd'hui à midi.

Ordre de marche.

1º Brigade du Fretay et artillerie avec leurs bagages ;
2º Brigade de France avec ses bagages ;
3º Brigade du Preuil avec ses bagages ;
4º 3º compagnie du train ;
5º Train auxiliaire.

Le Major général au général Bourbaki, à Volmérange.

Metz, 5 août.

Par ordre du Major général, le 4e escadron du régiment de lanciers de la Garde, venant de Saint-Cloud, a été maintenu à Metz le 4. Cet escadron rejoindra le 5 le régiment auquel il appartient, à Courcelles-Chaussy (route de Saint-Avold).

Le général Pé de Arros (1) au général d'Auvergne (2), à Volmérange.

Condé, 5 août,

J'ai l'honneur de vous informer, en réponse à votre note n° 15, que l'état-major et la réserve d'artillerie campés à Condé ont mangé la soupe et sont prêts à lever le camp dès que l'ordre leur en sera donné.

Quant au parc d'artillerie, il a été arrêté hier à 8 heures du soir sur la route, par un ordre du grand quartier-général, et a campé à Glattigny. Il a vainement cherché à s'aligner en vivres conformément à l'ordre de ce matin. Il lui a été répondu qu'il ne pourrait toucher des vivres qu'à Metz ou à Boulay. Ses troupes sont alignées :

En pain : une compagnie jusqu'au 4 inclus.
      —   une compagnie jusqu'au 5 inclus.
En viande : une compagnie jusqu'au 4 inclus.
En fourrage : une compagnie jusqu'au 4 inclus.

J'ai l'honneur de vous rendre compte de cette situation et de vous prier de m'envoyer des ordres d'urgence, indiquant l'endroit où le parc pourra toucher des vivres et des fourrages.

Le général Pé de Arros au général d'Auvergne, à Volmérange.

Condé, 5 août.

J'ai eu l'honneur de vous écrire ce matin pour vous rendre compte de la situation du parc d'artillerie de la Garde, qui n'a pas pu, au moins en partie, se procurer le pain pour la journée d'aujourd'hui ; il n'a également ni viande ni fourrage pour aujourd'hui, et je vous priais de prendre des mesures pour assurer la subsistance de ces troupes. N'ayant pas reçu de réponse à cet égard, le colonel de Vassoigne me renouvelle sa demande, et je vous prie de vouloir bien donner au porteur de cette lettre les ordres pour assurer d'*urgence* les vivres et fourrages du parc d'artillerie de la Garde.

Ci-joint en communication la lettre du colonel de Vassoigne.

Nota. — J'ai donné au parc d'artillerie l'ordre de se mettre en route à 4 heures du soir pour prendre rang derrière la réserve d'artillerie aux Étangs.

----

(1) Commandant l'artillerie de la Garde.
(2) Chef d'état-major général de la Garde.

Le général de Villers (1) *au général d'Auvergne, à Volmérange.*

Les Etangs, 5 août.

Le général de Villers fait connaître que les divers détachements campés avec lui aux Étangs, c'est-à-dire l'état-major du génie, la section et le parc du génie, l'escadron d'escorte, la prévôté et le trésor, seront prêts à partir ce matin à 11 h. 30. Ils attendront les ordres de mouvement.

Le général Bourbaki à l'Empereur.

Volmérange, 5 août.

J'ai eu l'honneur de recevoir la lettre par laquelle Votre Majesté me recommande de veiller à ce que les heures de départ des troupes soient espacées de manière que les hommes ne prennent les armes que juste au moment où ils doivent se mettre en route.

J'ai pris bonne note de cette recommandation, et j'invite les divisionnaires placés sous mes ordres à se conformer scrupuleusement à la volonté de l'Empereur, en évitant aux troupes toute fatigue inutile.

Quant aux conditions dans lesquelles s'est opéré le départ de Metz, Sire, elles ont été rapportées avec une grande exagération à Votre Majesté.

Les ordres avaient été donnés pour espacer de deux heures les prises d'armes des divisions et, pour veiller à leur exécution, je ne me suis mis en route qu'après le départ de la division Picard. Mais les vivres, au lieu d'être distribués à l'heure prescrite, l'ont été beaucoup plus tard. Il en est résulté que la cavalerie a dû se préparer à monter à cheval dès 10 h. 1/2 et n'est partie qu'à 11 h. 1/2.

Tel est, Sire, le seul à-coup qui se soit produit dans l'ensemble de la colonne.

Quoiqu'ayant suivi une seule route, les troupes ont marché à l'aise, et parcouru les 28 kilomètres séparant leurs camps près Metz, de celui établi au Nord-Est de Volmérange, sans laisser en arrière d'hommes trop fatigués pour suivre. Elles étaient arrivées au bivouac avant la nuit, dans d'excellentes conditions matérielles et morales.

La réserve et le parc d'artillerie, le parc du génie et une partie du train, seuls, ont été arrêtés en route par le chef d'escadron d'état-major de l'Espée, qui avait ordre de les faire rétrograder sur Metz, ainsi que la cavalerie. Cette division était installée lors de l'arrivée de cet officier supérieur.

_____

(1) Commandant le génie de la Garde.

Je n'ai pu partir de Volmérange qu'à midi, parce que nous vivons au jour le jour, que nos réserves de subsistances ne sont pas constituées. D'après les ordres de Votre Majesté, nous avons établi notre bivouac face à la frontière, à droite et à gauche de Courcelles-Chaussy, sur la rive droite de la Nied française, à l'embranchement des routes de Sarrelouis et de Saint-Avold. Je serai en mesure de pourvoir pendant quelque temps ici à la subsistance de toute la Garde, et je tâcherai de recevoir de Metz un ou deux jours de vivres, de façon à me trouver à même d'exécuter les mouvements qu'il plaira à Votre Majesté de me prescrire.

d) Situation et emplacements.

GARDE IMPÉRIALE.

Emplacement des troupes au 5 août.

La Garde impériale tout entière campe à Courcelles-Chaussy. Les parcs à Urville.

Situation sommaire d'effectif au 5 août

	Hommes.	Chevaux.
Division Deligny	8,667	778
Division Picard	7,405	705
Division de cavalerie (Desvaux).......	4,318	4,272
Réserve d'artillerie.................	2,314	2,515
Génie...............................	283	109
Divers..............................	474	558
TOTAUX........	23,461	8,937

RÉSERVE DE CAVALERIE.

a) Journaux de marche.

DIVISION DE CAVALERIE DE FORTON.

Historique du 1er régiment de dragons (1re brigade).

5 août.

Le 5 août, à 5 heures du matin, la division quitte Pont-à-Mousson et se rend à Faulquemont avec grand'halte à Luppy. L'étape avait 45 kilo-

mètres, le temps était lourd ; le soir, un orage terrible, une pluie torrentielle, dévasta notre camp, envahit nos tentes, dura fort avant dans la
nuit.

b) Organisation.

*Le Général commandant la 6e division militaire au
Major général, à Metz* (D. T.).

Strasbourg, 5 août, 7 h. 20 soir.

Les 7e et 8e batteries du 20e d'artillerie, destinées à la 3e division de
cavalerie, sont prêtes à partir. Où faut-il les diriger?

*Le Major général au général commandant la 6e di-
vision militaire, à Strasbourg* (D. T.).

Metz, 5 août.

Les 7e et 8e batteries du 20e d'artillerie, destinées à la 3e division de
cavalerie de réserve (de Forton), devront être dirigées sur Faulquemont. Faites-les partir.

d) Situations et emplacements.

CORPS.	HOMMES.	CHEVAUX.	EMPLACEMENTS.
Division de Bonnemains...........	2,641	(1)	Reichshoffen.
Division du Barail...............	1,829	1,744	Lunéville.
Division de Forton...............	2,420	2,039	Faulquemont.
TOTAUX.......	6,890	»	

(1) L'effectif des chevaux de la division de Bonnemains manque.

ARTILLERIE DE L'ARMÉE.

a) Journal de marche du général Soleille.

5 août.

Les événements se précipitaient : tous les renseignements reçus au
grand quartier général s'accordaient à représenter les forces ennemies

comme s'élevant à des chiffres formidables ; le front de notre ligne de bataille était trop étendu ; il devenait urgent de rendre les concentrations de troupes plus promptes, de donner plus d'unité à la direction des opérations et de condenser le commandement.

La décision prise à cet égard fut notifiée à l'armée par l'ordre suivant. (*Voir le télégramme du Major général au paragraphe : Grand quartier général.*) (1).

L'armée fut vivement émue par les tristes nouvelles venues de Wissembourg : c'était une raison de plus pour que le service de l'artillerie se hâtât de régler les questions de détail qui devaient être résolues avant l'heure de la lutte décisive.

Une instruction ministérielle avait été envoyée aux corps de la cavalerie sur la manière d'enclouer les canons. Ces corps réclamèrent les moyens d'enclouage à l'artillerie, qui dut se mettre en mesure de les fournir ; comme il n'y avait pas de précédent, le général commandant l'artillerie de l'armée en référa au Ministre.

Avant d'enclouer les canons prussiens, il fallait songer à soustraire les nôtres aux entreprises de la cavalerie ennemie : le général avait déjà vivement recommandé, dans ce but, l'emploi fréquent de la prolonge et même de la double prolonge.

La composition réglementaire des batteries ne comporte que sept prolonges ferrées pour les six pièces ; le général désira que ce nombre fût porté à douze et il demanda au Ministre de faire délivrer le complément aux parcs des corps d'armée, les arsenaux de Metz et de Strasbourg n'offrant pas à cet égard des ressources suffisantes.

Le pistolet-revolver était devenu d'un usage général parmi les officiers ; il fallait pouvoir leur fournir des munitions. Le commandant de l'artillerie appela sur ce point l'attention du Ministre. 10,000 cartouches furent expédiées à Metz (5,000 du système Lefaucheux, 5,000 du système Perrin).

Enfin, une question autrement importante, celle des rechanges du fusil d'infanterie modèle 1866, avait été soumise au Ministre. Il y répondit de la manière suivante :

Paris, le 3 août 1870.

« Général,

« Je reçois à l'instant une dépêche télégraphique de M. le Maréchal commandant le 1er corps d'armée, me rappelant l'ordre donné par Son Excellence M. le Major général, que chaque homme d'infanterie soit toujours muni des deux rondelles et de trois aiguilles de rechange.

---

(1) Documents annexes, page 53.

Déjà, par dépêche en date du 27 juillet dernier, M. le maréchal de Mac-Mahon avait insisté pour l'envoi à son corps d'armée de rondelles et d'aiguilles de rechange.

« J'ai l'honneur de vous prier de vouloir bien faire savoir à MM. les généraux commandant l'artillerie des corps d'armée que les mesures sont prises pour fournir aux réserves divisionnaires, le plus promptement possible, le complément du chargement des caissons légers d'infanterie en rondelles obturatrices. Quant aux pièces de rechange supplémentaires (une rondelle et une aiguille), elles seront envoyées à l'armée aussitôt que les dépôts des corps auront reçu les pièces de rechange qui leur sont indispensables pour pouvoir diriger sur l'armée active les hommes de la réserve pourvus d'un armement complet.

« Voici l'ordre dans lequel se font les délivrances de ces pièces d'armes :

« 1° On donne aux dépôts des corps les jeux de pièces de rechange destinés aux hommes de la réserve, ce qui leur permet de diriger de suite ces hommes sur l'armée active ;

« 2° On expédie aux réserves divisionnaires d'infanterie le complément du chargement en obturateurs des caissons légers à deux roues, ce qui portera ce chargement à 900 ;

« 3° L'aiguille et l'obturateur supplémentaires seront délivrés immédiatement après, mais je dois vous faire observer que, dès maintenant, chaque homme présent à l'armée possède :

« 3 aiguilles, dont une sur l'arme ; 2 obturateurs, dont une sur l'arme ; plus un obturateur par deux hommes à la réserve divisionnaire, sans compter les pièces détachées que doivent avoir les chefs armuriers des corps.

« Par ordre :

« Le général, SUSANE. »

Le mouvement offensif de l'ennemi vers Forbach s'accentuait de plus en plus : le 2ᵉ corps prit des positions défensives. Il n'était plus question de franchir la Sarre, et l'équipage de pont du 3ᵉ corps (capitaine Pepin) (1), qui se trouvait à Forbach sans attelages, pouvait être compromis. L'équipage de pont du 2ᵉ corps (capitaine Nussbaum) (2) parti de Strasbourg, par les voies ferrées, le 3 août, arrivé à Forbach le 4, à 1 heure du matin, était complet en personnel, matériel et attelages. Dans la prévision d'un mouvement en arrière, le général commandant l'artillerie du 2ᵉ corps ordonna de conduire par le chemin de

---

(1) 4ᵉ compagnie du 16ᵉ régiment d'artillerie-pontonniers.
(2) 2ᵉ compagnie du 16ᵉ régiment d'artillerie-pontonniers.

fer, jusqu'à Saint-Avold, le personnel et le matériel de la compagnie Nussbaum; les attelages seuls furent débarqués, ils devaient servir à ramener au quartier général du 3e corps le matériel du capitaine Pepin. Vers midi, un officier envoyé pour demander des instructions à Stiring-Wendel, où se trouvait le général Gagneur, rapporta 'ordre de conduire les attelages à Saint-Avold.

Le 5, le général de Rochebouët, préoccupé de cet état de choses, se rendit, dès 9 heures du matin, au camp du capitaine Nussbaum et lui prescrivit de se tenir prêt à renvoyer ses attelages à Forbach pour y prendre l'équipage du 3e corps. Avant d'ordonner ce mouvement, le général de Rochebouët adressa au général Soleille le télégramme suivant :

Saint-Avold, 5 août 1870, 9 heures matin.

« Ni attelages, ni wagons, ni réquisitions pour ramener de Forbach « l'équipage de pont du 3e corps. Prière d'envoyer un train à Forbach « pour le ramener à Saint-Avold, ou mieux à Metz.

« Prière de répondre immédiatement.

« DE ROCHEBOUËT. »

Ce télégramme fut, sur-le-champ, communiqué au Major général, accompagné d'une demande de train spécial. Le Major général écrivit de sa main, sur la dépêche télégraphique : « Attendre ».

La décision du Major général fut transmise par le télégraphe au général commandant l'artillerie du 3e corps.

Espérait-on employer ce matériel à établir une communication sur la Sarre après avoir repoussé l'attaque dont on était menacé ? Cette hypothèse peut seule expliquer la décision prise. On revint le lendemain, 6 août, sur cette décision.

b) Organisation et administration.

Le Ministre de la guerre au général Soleille, à Metz.

Paris, 5 août.

J'ai l'honneur de vous prévenir que trois batteries de montagne, les 6e, 8e et 12e du 3e régiment d'artillerie monté, en Algérie, ont été désignées pour faire partie de la réserve générale d'artillerie de l'armée du Rhin.

La 6e batterie m'est signalée comme devant être en route pour Nancy ; quant aux deux autres, elles suivront le mouvement au fur et à mesure de leur débarquement en France, et en prenant livraison, à leur passage à Lyon, du matériel qu'elles doivent servir.

Le général Soleille aux Généraux commandant l'artillerie des corps d'armée, de la Garde, de la réserve générale.

Metz, 5 août.

J'ai l'honneur de vous faire connaître que, pour éviter tout retard dans le remplacement du matériel et des munitions de votre corps d'armée, je vous autorise à vous adresser directement au directeur de l'artillerie, à Metz, pour les réapprovisionnements dont votre corps d'armée aurait besoin.

Le général Soleille aux Directeurs des parcs des corps d'armée.

Metz, 5 août.

J'ai l'honneur de vous faire connaître qu'en raison des circonstances qui peuvent se précipiter, j'ai autorisé le général commandant l'artillerie du ...ᵉ corps d'armée, à vous adresser directement les ordres relatifs à l'emplacement et à la mise en mouvement du parc que vous commandez.

Les dispositions de ma lettre du 1ᵉʳ août doivent être modifiées dans le sens que je viens de vous indiquer.

Le général Soleille au général Canu (1), *à Nancy.*

Metz, 5 août.

En raison des circonstances qui semblent se précipiter et rendre plus urgents les remplacements de votre matériel, et de vos munitions, j'ai l'honneur de vous inviter à vous mettre directement en rapport avec le colonel directeur du parc de votre corps d'armée (2), et à lui envoyer sans passer par mon intermédiaire, les ordres relatifs à l'emplacement et à la mise en mouvement de votre parc.

Vous voudrez bien me tenir exactement au courant des prescriptions que vous lui aurez adressées à ce sujet, et de leur exécution.

---

(1) Commandant la réserve générale d'artillerie.

(2) Il semble qu'il y ait eu là une erreur, la réserve générale d'artillerie n'appartenant à aucun corps d'armée. La dépêche suivante paraît être une rectification.

Le même au même.

J'ai l'honneur de vous faire connaître que, pour éviter tout retard dans le remplacement du matériel et des munitions de la réserve générale d'artillerie, je vous autorise à vous adresser directement au général Mitrecé, directeur général des parcs à Toul, pour les réapprovisionnements dont le parc de la réserve générale pourrait avoir besoin.

Le général Soleille au général Mitrecé, à Toul.

Metz, 5 août.

J'ai l'honneur de vous faire connaître que j'ai autorisé les généraux commandant l'artillerie des corps d'armée à vous adresser directement leurs demandes pour le réapprovisionnement du parc de leurs corps d'armée. Je vous invite, en conséquence, à donner suite à ces demandes en me rendant compte exactement des mouvements auxquels elles auront donné lieu.

d) Situation et emplacements.

Situation sommaire d'effectif au 5 août.

CORPS.	OFFICIERS.	TROUPE.	TOTAUX.	CHEVAUX.	EMPLACEMENTS.
État-major.............	3	»	3	9	Nancy.
13e régiment.............	42	1,569	1,611	1,357	Id.
18e régiment.............	43	1,212	1,255	1,371	Id.
TOTAUX.....	88	2,781	2,869	2,737	

Journée du 5 août.

GRAND PARC DE CAMPAGNE.

Situation sommaire de l'effectif de la direction générale des parcs et équipages, au 5 août, à Toul.

CORPS.	OFFI-CIERS.	TROUPE.	TOTAL.	CHEVAUX.
État-major...................	12	»	12	18
Employés....................	2	»	2	»
7e régiment, 2e batterie.........	2	101	103	4
10e — 1re —	2	100	102	5
16e — 10e compagnie.....	5	134	139	7
16e — 12e —	4	140	144	6
2e comp. d'ouvriers, 1/2 comp...	2	67	69	»
8e — 1/2 comp...	2	67	69	2
4e comp. d'artificiers, 1/2 comp...	1	34	35	»
Subsistants...................	»	»	»	»
TOTAUX.......	32	653	685	42

Journée du 5 août.

RÉSERVE GÉNÉRALE ET PARC DU GÉNIE.

Journal des opérations.

Le Major général au Ministre de la guerre.

Metz, 5 août.

Par votre dépêche du 3 de ce mois, vous me demandez s'il y a lieu de diriger le grand parc du génie de l'armée du Rhin sur Toul, ainsi qu'il avait été décidé avant mon départ de Paris. Mon intention est que ce grand parc soit conduit dès à présent à Metz : cette mesure aura l'avantage de mettre le grand parc à portée de l'arsenal du génie.

Situation sommaire d'effectif au 5 août.

CORPS.	OFFI-CIERS.	TROUPE.	TOTAL	CHEVAUX.
1re compagnie de mineurs du 3e régiment....................	4	103	107	15
1re compagnie de sapeurs de chemins de fer....................	4	124	128	48
TOTAUX.......	8	227	235	63

La journée du 5 août en Alsace.

Le 5 août, à 4 heures du matin, le maréchal de Mac-Mahon transféra le quartier général du 1ᵉʳ corps de Reichshoffen à Frœschwiller, puis alla reconnaître le terrain sur lequel il se proposait de livrer bataille et qu'il n'avait encore étudié que sur la carte (1).

En rentrant à Frœschwiller, il fit expédier les ordres de répartition définitive des troupes.

La 1ʳᵉ division (Ducrot) avait levé ses bivouacs de Climbach à l'aube et s'était dirigée sur Frœschwiller par Lembach, Mattstall et la rive droite de la Sauer (2). Elle s'établit, de 9 heures à midi, entre Frœschwiller et Neehwiller, formant l'aile gauche et détachant une compagnie à Neehwiller, une autre à Jægerthal.

La 3ᵉ division (Raoult) se plaça en face de Wœrth, sa droite appuyée au hameau d'Elsashausen, sa gauche au contrefort boisé situé au Nord-Est de Frœschwiller et à l'Ouest de Gœrsdorf. Elle constituait le centre.

La 4ᵉ division (de Lartigue), partie de Haguenau le 4, à 9 heures du soir, était arrivée, après une marche de nuit, par Morsbronn, sur les hauteurs au Nord de Gunstett à 3 heures du matin. Elle passa sur la rive droite de la

---

(1) *Souvenirs inédits du maréchal de Mac-Mahon*, 5 août.

(2) « La 6ᵉ compagnie du 13ᵉ bataillon de chasseurs, placée en « extrême arrière-garde, est suivie pas à pas par quelques uhlans qui « observent avec attention la marche de la colonne. » (Historique du 13ᵉ bataillon de chasseurs à pied.)

Sauer pour former l'aile droite, se relia par sa gauche à la 3e division et se prolongea dans la direction de Morsbronn, occupant fortement la route de Gunstett à Eberbach, son extrême droite sur la hauteur 222, au Nord de Morsbronn (1). Elle détacha deux compagnies dans cette dernière localité.

La 2e division (Pellé), partie de grand matin de Pfaffenbronn, par l'itinéraire Lembach, rive gauche de la Sauer, Wœrth, s'établit derrière le centre de la 3e division, sur les pentes du vallon qui s'ouvre au Sud-Ouest de Frœschwiller, ainsi que la brigade de cavalerie de Septeuil, qui l'avait précédée.

La réserve d'artillerie, qui avait exécuté une marche de nuit de Haguenau, par Gundershoffen, à Frœschwiller, forma son camp à l'Est de Reichshoffen.

La division de cavalerie Duhesme (brigade de cuiras-

---

(1) La première pensée du maréchal de Mac-Mahon avait été de laisser la division Lartigue sur les hauteurs au nord de Gunstett, « d'où « elle prenait en flanc toutes les troupes qui attaqueraient la position « de la rive droite. » La division Conseil-Dumesnil, du 7e corps, qu'il attendait dans la journée, « devait tenir la droite en occupant Mors- « bronn. » Mais, dans la journée, le Maréchal apprit que le général Douay, inquiet de ce qui pourrait arriver dans le Haut-Rhin, avait donné l'ordre à cette division de rétrograder de Colmar sur Mulhouse. « Craignant que le chemin de fer ne fût coupé, ce qui aurait empêché « cette division de me rejoindre immédiatement, et ne pensant pas « avoir assez de troupes pour occuper toutes ces positions, je donnai « l'ordre à la division Lartigue de passer sur la rive droite et d'occuper « la position que j'avais réservée à la division Conseil-Dumesnil..... » (Souvenirs inédits du maréchal de Mac-Mahon, 5 août).

Cet ordre fut apporté au général de Lartigue à 7 heures du matin par le général Faure, sous-chef d'état-major général du 1er corps ; la 4e division fut établie à midi.

Tout d'abord, la droite de la division Lartigue devait être à Morsbronn. Mais le maréchal de Mac-Mahon lui prescrivit « d'appuyer à gauche », ce qui lui enleva « tout soutien naturel » à l'extrême droite. (Journal de marche de la division de Lartigue, 5 août.)

siers Michel et deux escadrons du 6e lanciers)(1), qui avait accompagné la réserve d'artillerie, vint, par Eschbach et Morsbronn, se placer au Nord-Ouest d'Eberbach, derrière la division de Lartigue, à laquelle les deux escadrons de lanciers (1er et 3e) furent affectés à titre de cavalerie divisionnaire.

La division de cuirassiers de Bonnemains, arrivée de Haguenau, par Mertzwiller, à 3 heures de l'après-midi, bivouaqua près et au Nord-Est de Reichshoffen.

Tous les bagages des corps furent réunis près de cette dernière localité.

Dès la veille, le maréchal de Mac-Mahon avait envoyé à tous les détachements de la plaine du Rhin l'ordre de rallier leurs corps aux environs de Frœschwiller.

Le 4, vers 5 heures du soir, le 3e bataillon du 36e de ligne, qui était à Soultz, aperçut une forte reconnaissance de cavalerie allemande (2) qui se présentait par la grande route de Wissembourg. Voyant Soultz occupé, l'ennemi se replia presque aussitôt. Dans la soirée, ce bataillon reçut du général L'Hériller (commandant la 1re brigade de la 3e division), l'avis de se diriger sur Wœrth.

Le même jour, le général de Nansouty, commandant le détachement de Seltz, avait envoyé, au bruit du canon, sur Schleithal, une reconnaissance composée de deux escadrons du 2e lanciers et d'un peloton du 11e chasseurs. Elle apprit que les Allemands passaient la frontière en grandes forces et rentra, suivie par des patrouilles de

---

(1) La brigade de cavalerie de Septeuil était toujours avec la 2e division du 1er corps; le 2e lanciers était en route de Haguenau sur Reichshoffen; enfin, le reste du 6e lanciers (4e et 5e escadrons), partait le 5, par étapes, de Schlestadt pour Reichshoffen.

(2) 4e régiment de dragons.

cavalerie avec lesquelles elle échangea quelques coups de fusil. Le 5, de grand matin, le général de Nansouty mit son détachement en route pour Haguenau, d'où l'infanterie (1er et 2e bataillons du 36e, 2e du 50e, et le 16e bataillon de chasseurs) fut transportée en chemin de fer sur Reichshoffen, la cavalerie (2e lanciers et six pelotons du 11e chasseurs) continuant, sur ce point, par la grande route de Mertzwiller à Gundershoffen. Les deux bataillons du 36e, le 2e du 50e et les six pelotons du 11e chasseurs rejoignirent les brigades auxquelles ils appartenaient ; le 16e bataillon de chasseurs alla occuper les hauteurs à l'Est de Niederbronn, avec la mission de couvrir la route de Bitche (1) ; le 2e lanciers établit son camp près de Reichshoffen.

Enfin, les fractions de la 2e division (50e et 74e de ligne) qui, après le combat de Wissembourg, avaient battu en retraite sur Haguenau, furent transportées en chemin de fer à Reichshoffen, dans la matinée du 5 ; de là, elles rallièrent le gros de la division.

La division Conseil-Dumesnil s'était embarquée en chemin de fer, dans la nuit du 4 au 5 août, conformément aux ordres du maréchal de Mac-Mahon. La 1re brigade (Nicolaï) (2) arriva à Reichshoffen le 5, vers 2 heures de l'après-midi, et alla camper à l'Ouest d'Elsashausen, à droite de la division Pellé. Le 2e bataillon du 21e de ligne avait débarqué en cours de route à Haguenau, qu'il était chargé de défendre ; le 3e bataillon du même régiment accompagnait l'artillerie de la division. La brigade Nicolaï était donc réduite à cinq bataillons. La 2e brigade (Maire) (3) n'atteignit Reichshoffen que

---

(1) Il semble que cette route fût suffisamment couverte par les positions mêmes du 1er corps.

(2) Venant de Mulhouse, sauf le 3e bataillon du 21e de ligne, qui se trouvait le 5 à Ensisheim avec deux batteries.

(3) Venant de Colmar.

dans la nuit du 5 au 6 août et bivouaqua près de ce village. L'artillerie de la division (1) devait descendre de chemin de fer à Haguenau, pour se rendre ensuite par voie de terre à Reichshoffen. Par suite de l'encombrement existant à la gare, les batteries durent attendre longtemps avant de débarquer et ne purent prendre part à la bataille de Frœschwiller (2). Il en fut de même du 3e bataillon du 21e de ligne (3).

L'armée d'Alsace est donc déployée, dès le 5 août, sur un front de six kilomètres environ, parallèlement à la Sauer, toutes les réserves au centre. Les ailes ne sont appuyées, ni par des troupes, ni par des localités, ni par des ouvrages de fortification passagère. « Le général « Ducrot conseilla au maréchal, pour consolider les « positions, de faire exécuter par les troupes certains « ouvrages de campagne ; mais il se heurta à une oppo- « sition presque unanime des généraux, qui jugèrent « inopportun de fatiguer les soldats par de tels travaux « la veille d'une bataille (4). » Aucun des villages de Neehwiller, Frœschwiller, Elsashausen, pas plus que le Nieder-Wald, ne fut mis en état de défense.

---

(1) Venant : deux batteries d'Ensisheim, une batterie de Colmar. Les trois batteries étaient parties de Colmar le 5 août, entre 9 heures et minuit.

(2) Le lieutenant-colonel commandant l'artillerie divisionnaire avait beaucoup insisté pour que le trajet de Haguenau à Niederbronn fût fait par la voie de terre « afin d'éviter le danger d'un débarquement à proximité de l'ennemi. » (Rapport du lieutenant-colonel. Voir Documents annexes du 6 août).

(3) Ce bataillon arriva sur le champ de bataille à 1 heure et fut englobé dans la retraite. Quant au 2e bataillon, il rétrograda de Haguenau sur Strasbourg et participa à la défense de cette place. (Historique du 21e de ligne.)

(4) La vie militaire du général Ducrot d'après sa correspondance, tome II, page 360.

Le front occupé par les trois divisions de première ligne avait la forme d'un arc de cercle, convexe vers l'Est ; les ailes étaient donc refusées, ce qui facilitait l'enveloppement. Il eût fallu, pour assurer la sécurité du flanc droit, particulièrement menacé, disposer vers Forstheim, des troupes formant échelon débordant en arrière.

Les bivouacs, généralement formés en bataille, n'étaient nullement défilés des hauteurs de la rive gauche de la Sauer ; les grand'gardes ne dépassaient pas une ligne tracée à 500 mètres environ en moyenne à l'Est des fronts de bandière, par la ferme Lansberg (1), la lisière orientale du Nieder-Wald, le pied des pentes qui descendent à la Sauer et le saillant du bois de Frœschwiller le plus rapproché du Sulzbach.

Dès l'instant où le maréchal de Mac-Mahon voulait livrer une bataille défensive, il fallait renforcer le plus possible l'obstacle créé par la Sauer et, à cet effet, en détruire les ponts depuis le Kuhbrücke (à l'Est de Langensoultzbach), jusqu'à Gunstett inclus. On chercha à faire sauter ce dernier, mais on constata que les voitures du génie ne portaient pas de poudre de mine et l'on y renonça (2).

De même que la formation de l'armée d'Alsace était à peu près linéaire, de même on ne s'était pas préoccupé de la défense du terrain en profondeur. Pendant les vingt-quatre heures comprises entre l'arrivée des troupes et le commencement de la bataille, on aurait eu le temps de constituer trois lignes de résistance successives :

1° Langensoultzbach—Wœrth—Bruckmühle ;

---

(1) Appelée aussi Albrechtshaüserhof.
(2) Journal de marche de la division de Lartigue, 5 août.

2º Neehwiller—Frœschwiller—Elsashausen—Nieder-Wald—Eberbach—Forstheim ;

3º Niederbronn—Reichshoffen—Gundershoffen.

Enfin, on n'avait pas songé à la contre-offensive et, par conséquent, on n'avait pas constitué de masse de manœuvre à cet effet, ni étudié et reconnu le terrain où elle pourrait se produire dans les meilleures conditions. C'était évidemment la zone qui s'étend depuis le Sud du Nieder-Wald jusqu'à la forêt de Haguenau et se prête à l'action combinée des trois armes. Le maréchal de Mac-Mahon pensait que les ponts et les gués de la Sauer lui permettraient de reprendre l'offensive (1). En réalité, celle-ci était bien aléatoire du moment qu'on avait abandonné les hauteurs de la rive gauche qui maîtrisent tous les passages.

La nombreuse cavalerie dont dispose l'armée d'Alsace reste à peu près inutilisée dans la journée du 5. Il y avait pourtant le plus grand intérêt à être renseigné sur la marche des colonnes de l'armée qui avait attaqué la division Douay la veille, à savoir si elles se dirigeaient vers le Sud ou vers l'Est, à connaître leur situation le 5 au soir, pour se rendre compte de la possibilité de recevoir les renforts attendus avant la bataille. Toutefois, il faut citer les reconnaissances exécutées, sur l'ordre du général de Lartigue, par deux pelotons du 6º lanciers, vers Gunstett et Dürrenbach. Refoulés d'abord, près de la première de ces localités, par un escadron de uhlans (2), les lanciers attirèrent ceux-ci sous le feu d'une grand'garde de la division Lartigue (3) qui leur fit perdre quelques cavaliers et détermina leur retraite. Les deux pelotons français continuèrent à remplir leur

---

(1) *Souvenirs inédits du maréchal de Mac-Mahon*, 5 août.
(2) 1ᵉʳ escadron du 6ᵉ uhlans. Voir page 148.
(3) Voir page 149.

« mission et établirent que l'ennemi occupait en forces la
« forêt de Haguenau, de Gunstett à Walbourg, que des
» troupes se montraient aux environs d'Eschbach....., et
« que les derrières de la 4e division, c'est-à-dire la route
« de Haguenau à Reichshoffen par Metzwiller étaient
« absolument libres (1) ».

Pendant que les troupes du 1er corps s'installaient
dans leurs campements, des cavaliers ennemis appa-
rurent sur les hauteurs immédiatement à l'Ouest de
Dieffenbach et s'approchèrent de la Sauer. Vers 3 heures,
les chevaux de la réserve d'artillerie avaient été menés
à la rivière, en aval de Wœrth, lorsqu'un coup de
mousqueton provoqua parmi les conducteurs une panique qui s'étendit jusqu'aux troupes campées aux abords
de Frœschwiller, mais fut presque aussitôt réprimée.
Des hussards prussiens, en marche sur Wœrth furent
accueillis à coups de fusil par les avant-postes de la
division Raoult et firent demi-tour (2), tandis qu'une
batterie française envoyait quelques obus aux cavaliers
ennemis de Dieffenbach. Enfin, vers 6 heures du soir,
on aperçut, marchant à travers champ, du Sud au Nord,
deux compagnies prussiennes qui vinrent occuper Gœrsdorf.

Un orage violent éclata dans la nuit, entre 10 et 11
heures, et fondit sur les troupes françaises qui bivoua-
quaient sans avoir été autorisées à dresser les tentes. La
pluie dura jusqu'au point du jour. Si l'on considère que
la 2e division avait livré combat et exécuté sa retraite le
4 août; que la 4e avait fait une marche de nuit du 4 au 5,
ainsi que la réserve d'artillerie, la brigade de cuirassiers
Michel et la division de cuirassiers de Bonnemains; que
la 1re division avait marché toute la journée du 4 août et

---

(1) Historique du 6e lanciers.
(2) Voir page 149.

était partie le 5 au point du jour, on se rendra compte de la fatigue que devaient éprouver les troupes du 1er corps le 6 août au matin. « Hommes et chevaux « étaient harrassés. Par surcroît, on manquait de « vivres ; il n'y avait que 6,000 rations pour les 35,000 « hommes réunis autour de Frœschwiller (1). »

Malgré ces conditions si peu favorables pour livrer bataille, on verra les troupes de l'armée d'Alsace donner un des plus beaux exemples de vaillance et de ténacité que l'histoire ait à enregistrer.

*
* *

Le 5 août, à 10 h. 50 du matin, le maréchal de Mac-Mahon adressa de Reichshoffen le télégramme suivant à l'Empereur :

« Je suis concentré avec mon corps d'armée à Frœsch-« willer, étendant ma droite jusqu'à la forêt de Hague-« nau (2). Si l'ennemi, se voyant menacé sur sa droite, « ne dépasse pas Haguenau, je suis en bonne position ; « s'il dépasse Haguenau, je suis obligé de prendre posi-« tion plus au Sud pour garder les défilés de la Petite-« Pierre et de là à Saverne.

« S'il vous est possible de disposer d'un des corps « d'armée de la Moselle, venant me rejoindre par le « chemin de Bitche ou par la route de Petite-Pierre, je « serai en état de reprendre l'offensive avec avan-

(1) Historique du 6e régiment d'artillerie.

« Un autre fait à noter..... pendant ces journées du 4 et du 5, c'est « le manque de vivres..... ». (Sarazin, médecin chef de l'ambulance de la 1re division, *Récits sur la dernière guerre franco-allemande*, page 32.)

(2) On remarquera que la forêt de Haguenau est à 4 kilomètres au Sud de Morsbronn, qu'on n'occupait que faiblement (deux compagnies du 3e régiment de tirailleurs).

« tage (1). » Le maréchal attribuait aussi à la position
qu'il avait choisie la propriété « de couvrir le chemin de
« fer de Strasbourg à Bitche et les voies de communica-
« tion principales qui relient le revers oriental au revers
« occidental des Vosges (2) ». Mais on observera que
l'armée d'Alsace aurait pu, indirectement, arriver au
même résultat en gagnant, par des combats en retraite,
soit l'obstacle de la Moder, soit la ligne de la Zorn.

Cette dépêche fut sans doute la cause prépondérante
de la détermination que prit l'Empereur de scinder les
forces françaises en deux armées et de placer les 5ᵉ et
7ᵉ corps sous le commandement du maréchal de Mac-
Mahon (3). Elle s'inspirait d'ailleurs visiblement du
plan rédigé par le général Frossard en 1867.

« Notre armée, dit ce document, pourrait, sur cette
« position de Wœrth, soutenir une lutte contre des
« forces supérieures avec grandes chances de succès.....
« Par Bitche et Niederbronn, elle donnerait la main à
« l'armée de l'autre versant des Vosges. De là aussi, on
« menace sérieusement la droite et les derrières de
« l'ennemi s'il tentait de pousser sur Strasbourg (4). »
Le plan prévoyait le cas où l'armée d'Alsace pourrait,
« à un moment donné, et sans se compromettre, se
« dégarnir d'une ou deux divisions qui seraient dirigées
« rapidement à travers les Vosges pour renforcer l'aile
« droite de l'armée de la Moselle, engagée dans une
« bataille..... (4) ». Inversement, le maréchal de Mac-

---

(1) On se souvient que, dans une dépêche adressée le 4 août à
l'Empereur (10 heures du soir), le maréchal de Mac-Mahon estimait
aussi qu'un renfort de trois divisions lui permettrait de prendre l'offensive.

(2) Rapport du maréchal de Mac-Mahon à l'Empereur sur la bataille
de Frœschwiller.

(3) Télégramme adressé de Metz, le 5 août, à 12 h. 50 du soir, aux
commandants des corps d'armée.

(4) Voir 1ᵉʳ fascicule, pages 7 et 8.

Mahon estimait qu'il pourrait être soutenu à temps par un des corps de Lorraine.

Mais, ou il se méprenait sur les forces de l'armée du Prince royal en estimant que ce secours lui suffirait « pour reprendre l'offensive avec avantage », ou il jugeait que la valeur très réelle de ses troupes était de nature à compenser leur infériorité numérique.

La veille, le commandant du 1er corps et le général Ducrot, qui avaient observé du col du Pigeonnier les bivouacs de la IIIe armée, avaient apprécié, il est vrai, ses forces à 80,000 hommes seulement (1), (2). Dès lors, l'ensemble des 1er (42,000 hommes) et 5e corps (28,000 hommes), et de la division Conseil-Dumesnil (7,600 hommes), se montant à un total de 77,600 hommes, permettait de lutter à nombre égal. Mais rien ne prouvait — et tel fut en effet le cas — que le maréchal de Mac-Mahon eût aperçu tous les corps de l'armée ennemie. D'après sa dépêche du 4 août (10 heures du soir) à l'Empereur, elle n'en compterait que trois ; mais, d'autre part, le Bulletin de renseignements du grand quartier général, en date du 30 juillet (3) en mentionnait quatre, et le capitaine Jung, dans un télégramme du 1er août au Major général, évaluait son effectif à 160,000 hommes, sur des renseignements venus de Francfort (4).

---

(1) Le fait fut rapporté, le 5 août, à M. le général Bonnal, par un capitaine de l'état-major de la 3e division du 1er corps. (*Frœschwiller*, page 144). Le maréchal de Mac-Mahon avait aperçu les bivouacs des Ve et XIe corps et du IIe bavarois.

(2) « Nos positions sont bonnes, disait le général Ducrot le 5 août ; « avec 36,000 hommes que nous avons, nous pourrions lutter contre « 45,000 Prussiens; mais il y en a *80,000 et peut-être plus.* » Lettre du marquis de la Rochethulon reproduisant une conversation du général Ducrot avec le colonel X..., le 5 août au matin. (*Vie militaire du général Ducrot*, tome II, page 361.)

(3) 3e fascule, page 97.

(4) 4e fascicule, page 139.

Quand le maréchal de Mac-Mahon demandait à l'Empereur l'adjonction à l'armée d'Alsace d'un corps de l'armée de Lorraine, il avait le sentiment exact de la manœuvre à exécuter contre l'armée du Prince royal, séparée par le massif des Vosges des Ire et IIe armées. Mais, en réalité, pour qu'il pût reprendre l'offensive avec avantage, il lui eût fallu le renfort non pas seulement du 5e corps, mais aussi de trois divisions d'infanterie et de la réserve d'artillerie du 3e corps (1).

---

(1) Il est juste de relater l'entretien ci-après du colonel d'Andigné, chef d'état-major de la division de Lartigue, avec le général Colson, chef d'état-major général du 1er corps d'armée :

« Le Maréchal vient visiter nos positions vers 4 heures.....

« Le général Colson, à qui je demande si le Maréchal n'appelle pas « à lui le général de Failly, qui est à Bitche, et ce qu'il peut y avoir « d'Allemands devant nous, me répond que le général de Failly vient « de faire savoir qu'il est lui-même très menacé en front et ne peut « quitter ses campements, et que nous pouvons avoir de 30,000 à « 40,000 hommes en face de nous. » (Journal de marche de la division de Lartigue, 5 août).

Cet entretien semblerait prouver qu'à l'état-major général du 1er corps on n'estimait pas à plus de 40,000 hommes le chiffre de l'armée adverse. Mais il faut observer que le Journal de marche de la division de Lartigue n'a été rédigé qu'en 1872 et que les souvenirs du colonel d'Andigné n'étaient peut-être plus très exacts à cette époque. La première partie de la citation semble le prouver. A 4 heures du soir, en effet, le général de Failly n'avait fait encore aucun compte rendu au maréchal de Mac-Mahon ; son premier télégramme est de 6 heures du soir. En outre, il ne mentionne aucune menace sur son front.

Plus loin, on trouve dans le Journal de marche de la division de Lartigue, le passage suivant : « Le Maréchal pense être attaqué demain », disait le général Colson. Or, un ordre du 1er corps, sans indication d'heure, il est vrai, commence ainsi :

Frœschwiller, 5 août. — « Demain, séjour. Tous les bagages rejoin- « dront leurs corps respectifs. »

Il est possible, d'autre part, que le général Colson ait dit réellement 40,000 hommes, bien qu'il sût le chiffre de 80,000 hommes, et cela pour donner aux troupes toute confiance dans le résultat de la lutte.

Il suffisait, pour recevoir ces secours, de refuser la bataille jusqu'au 8 août en reculant par des combats en retraite sur la Zintzel, puis sur la Moder et au besoin jusqu'à la Zorn (1).

Encore le maréchal de Mac-Mahon pouvait-il espérer être rejoint le 6 août par le 5ᵉ corps, qu'il croyait tout entier à Bitche (2). Mais le télégramme qu'il reçut du général de Failly, dans la soirée, lui apprit qu'il ne pourrait être renforcé le lendemain que par la seule division de Lespart (3). Le fait lui fut confirmé le 6 août, de grand matin, par une dépêche du commandant du 5ᵉ corps (4). Il lui était donc impossible de compter sur ce corps d'armée entier avant le 7 août et, dans ces conditions, la prudence commandait de ne pas accepter la bataille le 6 (5). Tel était, du reste, l'avis du général

---

(1) Voir 5ᵉ fascicule, page 267 et suiv.

(2) *Souvenirs inédits du maréchal de Mac-Mahon*, 5 août.

Il faut noter en passant la défectuosité du système employé par le grand quartier général, qui laissait les commandants de corps d'armée dans l'ignorance sur la situation des autres éléments de l'armée.

On se refusa constamment à leur donner ces renseignements, « sous « le prétexte que les commandants de corps n'avaient nul besoin de « savoir ce que faisaient leurs voisins. » (*Metz. Campagne et négociations*, page 25).

(3) Le général Ducrot, d'après une note contenue dans sa correspondance, insista auprès du maréchal de Mac-Mahon « pour que l'on « fît venir, le lendemain, l'infanterie du 5ᵉ corps par la voie ferrée, ce « qui aurait rendu la grande route libre pour la cavalerie, l'artillerie « et les voitures; le Maréchal repoussa cette idée en alléguant pour « unique raison l'ennui des réquisitions de chemins de fer, l'embarras « des embarquements et des débarquements. » (*La vie militaire du général Ducrot*, tome II, page 377).

(4) Voir page 24.

(5) Si l'on s'en rapporte à des notes trouvées dans les papiers du général Ducrot, cet officier général « estimait téméraire d'accepter la « bataille sur la position de Frœschwiller avec des forces aussi dispro- « portionnées. Selon lui, on devait battre en retraite sur Lemberg pour

Ducrot qui conseillait la retraite sur Lemberg et telle semble avoir été l'origine du télégramme du 5 août adressé, vers 5 heures, au général de Failly, pour l'occupation immédiate de cette localité (1). A la vérité, le maréchal de Mac-Mahon ne pensait pas être attaqué le 6 août ; en effet, un ordre du 1er corps du 5 août prescrivait pour le lendemain un « séjour » et auto-

---

« joindre le corps de Failly et tenir les crêtes des Vosges, défiant toute
« attaque dans les positions formidables qu'il avait depuis longtemps
« étudiées, en liaison avec l'armée de l'Empereur, en situation d'agir
« contre les communications de l'armée qui aurait envahi l'Alsace, si
« elle continuait sa route vers Strasbourg, ou de déboucher sur le flanc
« de l'autre masse allemande si elle débouchait sur la Sarre. » (*La vie
militaire du général Ducrot d'après sa correspondance*, tome II, page 360.)

« Ce projet, dit le général Bonnal, présentait le défaut de n'obliger
« en rien la IIIe armée à venir combattre les troupes du maréchal de
« Mac-Mahon sur les crêtes des Vosges, car en raison du petit nombre
« de routes traversant ce massif et des longs défilés qu'elles forment il
« suffisait de quelques détachements et d'un corps de réserve pour
« empêcher les Français de déboucher en Alsace.

« Une attaque de flanc dirigée de Lemberg contre des forces alle-
« mandes parvenues au Sud de la Sarre, n'était pas mieux justifiée,
« attendu que le massif des Vosges ne pouvait constituer une base
« d'opérations pour une armée de huit ou dix divisions, pourvues du
« matériel roulant usité dans les guerres d'Europe. Après un insuccès,
« les troupes du maréchal de Mac-Mahon se seraient dispersées dans
« les forêts vosgiennes, mourant de faim, sans direction, à la merci
« des fractions ennemies postées aux issues dans la plaine. » (*Frœschwiller*, page 183.)

Il est à remarquer que les notes ci-dessus du général Ducrot ne portent aucune indication de date. Toutefois, un passage du journal inédit du comte de Leusse, maire de Reichshoffen, confirme les démarches faites par le général Ducrot auprès du maréchal de Mac-Mahon pour le décider à la retraite sur Lemberg. Le 6 août, vers 6 h. 30 du matin, le Maréchal avait fini par céder aux instances du général Ducrot, appuyé d'ailleurs par le général Raoult, mais il changea d'avis, sans doute, en se voyant attaqué. (Journal inédit du comte de Leusse, 6 août.)

(1) Voir page 20.

risait les troupes à se faire rallier par leurs bagages,
réunis à Reichshoffen. Toutefois, l'éventualité d'une
bataille le 6 août ne dépendait pas de lui seul, ni
même, ainsi que les événements l'ont prouvé, de la
volonté du Prince royal. Il importait donc de ne pas s'y
exposer en restant immobile sur les positions de la
rive droite de la Sauer (1). Dès la soirée du 5 août, ou
au plus tard le 6 de grand matin, le maréchal de Mac-
Mahon aurait pu, semble-t-il, donner des ordres pour
refuser la lutte en cas d'attaque.

Toutes les troupes du 1er corps et la division Conseil-
Dumesnil se seraient repliées, après un simulacre de
résistance, sur la rive droite du Falkensteinerbach et de la
Zintzel, par Niederbronn, Reichshoffen, Gundershoffen,
Griesbach, sous la protection de la division Raoult, qui
aurait formé l'arrière-garde, appuyée par la réserve
d'artillerie et flanquée à grande distance sur ses ailes
par les divisions de cavalerie Duhesme et de Bonnemains (2). Dans cette même hypothèse, il y aurait eu
lieu de télégraphier au général de Failly de mettre la
division de Lespart en route en temps opportun, pour
qu'elle se trouvât rendue à Niederbronn le 6 août, à
6 heures du matin, et de diriger tout le reste du 5e corps,
le plus tôt possible, sur Ingwiller et Weiterswiller.
Peut-être même le maréchal de Mac-Mahon pouvait-il
espérer que la situation s'éclaircirait le 6 août sur le
haut Rhin et qu'il pourrait être renforcé par une bri-

_____

(1) Ce qui semble avoir empêché le maréchal de Mac-Mahon de
refuser le combat, outre la conviction qu'il ne serait pas attaqué le 5,
c'est « la grande confiance qu'il paraissait avoir dans son heureuse
« étoile et dans les excellentes troupes qui composaient le 1er corps ; il
« méprisait un peu trop nos adversaires et les croyait incapables de
« prendre immédiatement une vigoureuse offensive..... » (Note du
général Ducrot, *Vie militaire*, tome II, page 375.)

(2) Voir à ce sujet le 5e fascicule, page 268.

gade de la division Liébert et l'artillerie de réserve du 7ᵉ corps.

Dès le 4 août, en effet, le général Douay écrivait au Major général qu'il s'empresserait de lui « proposer d'appuyer le 1ᵉʳ corps..... dès que les circonstances le permettront (1) ». En recevant, à 6 heures du soir, la nouvelle officielle du combat de Wissembourg, il pensa que « son concours pouvait, d'un instant à l'autre, « devenir nécessaire au 1ᵉʳ corps (2) ». Est-ce pour ce motif qu'il ordonna aux troupes du 7ᵉ corps restées à Belfort de se porter vers Mulhouse ou voulait-il seulement remplacer dans cette ville la division Conseil-Dumesnil appelée à Haguenau? Quoi qu'il en soit, le 5 août au matin, la 2ᵉ brigade de la division Liébert se rendait à Alkirch avec les réserves d'artillerie et du génie, pendant que la 1ʳᵉ brigade se portait d'Altkirch sur Rixheim. Le général Douay renonçait d'ailleurs complètement au dispositif qu'il avait prévu le 4 août pour la surveillance du Rhin entre Colmar et Huningue, et se proposait de concentrer, le 6 août, toutes ses forces près de Mulhouse.

Tels sont les motifs qui devaient déterminer le maréchal de Mac-Mahon à ne pas accepter la lutte le 6 août et à préparer la retraite si, contre ses prévisions, une attaque de l'adversaire se produisait à cette date.

« Le premier principe de la guerre est qu'on ne doit « livrer bataille qu'avec toutes les troupes qu'on peut « réunir sur le champ d'opération (3). »

---

(1) Le général Douay au Major général, D. T. Belfort, 4 août, 1 h. 35 soir.

(2) Prince Bibesco, *Belfort, Reims, Sedan*. Le 7ᵉ corps de l'armée du Rhin, page 26.

(3) *Mémoires de Napoléon*, tome V, page 311.

*
* *

La IIIe armée exécute le 5 août les marches prescrites
par l'ordre général du 4 août.

La 4e division de cavalerie, qui avait bivouaqué à
Ober-Otterbach, devait « s'avancer par Altenstadt, sur
« la route de Haguenau, pour rechercher l'ennemi
« dans la direction de Haguenau, Soufflenheim et Rop-
« penheim, et surtout pour éclairer le pays », un régiment s'avançant de Soultz vers l'Ouest jusqu'à Wœrth
et Reichshoffen. Elle était chargée, en outre, de détruire
les deux chemins de fer de Haguenau, ainsi que la voie
ferrée de Reichshoffen.

La division franchit la Lauter à 5 heures du matin,
précédée à 4 kilomètres environ par la brigade de
Bernhardi (1er et 6e uhlans) et le 2e hussards ; ces trois
régiments constituant son avant-garde. Elle atteint Soultz
à 7 heures du matin et s'y arrête, laissant l'avant-garde
faire seule la reconnaissance sur Haguenau. Le général
de Bernhardi réquisitionne des outils à Soultz en vue
des destructions prescrites et continue sur la grande
route de Haguenau, ayant comme avant-garde parti-
culière le 1er escadron du 2e hussards. Il détache le
3e escadron de ce régiment vers Roppenheim et Soufflenheim pour couvrir son flanc gauche, pendant que
les 4e et 5e escadrons, sous les ordres du colonel de
Schauroth, exécutent la reconnaissance prescrite sur
Wœrth et Reichshoffen.

A part quelques coups de feu qui avaient été tirés des
maisons de Soultz (1), on ne trouve aucune trace de

---

(1) Par quelques fantassins français qui se rendirent presque immédiatement. (Historique du 2e régiment de hussards prussien, page 18.)

l'ennemi (1) jusqu'à la forêt de Haguenau. Avant de s'y engager, le général de Bernhardi la fait contourner sur chacun de ses flancs par un escadron du 6ᵉ uhlans, puis il poursuit sa marche vers le débouché Sud de la forêt que son avant-garde atteint à 10 heures du matin, mais où elle trouve le pont de Brumbächel coupé. Elle est accueillie, en même temps, par des feux de salve exécutés par des fractions du bataillon du 21ᵉ de ligne qui occupait Haguenau, et rétrograde jusqu'à la lisière des bois où la brigade reste en observation.

« Les nombreux sifflements des locomotives, le rou-
« lement des wagons donnaient à supposer que des
« transports de troupes avaient lieu sur le chemin de
« fer de Haguenau (2). »

Mais la brigade Bernhardi ne lance pas même une patrouille qui eût cependant aisément tourné l'obstacle par un des nombreux chemins qui sillonnent la forêt particulièrement à l'Est de la grande route. Vers midi, sur l'apparition de quelques tirailleurs français (3), elle se replie sur Soultz, laissant comme arrière-garde l'escadron de hussards qui échange quelques coups de feu avec l'ennemi, mais rétrograde à son tour sans conserver le contact. La mission du général de Bernhardi, qui était de rechercher l'adversaire dans la direction de Haguenau et de détruire les voies ferrées n'était donc pas remplie.

Pendant ce temps, l'escadron de uhlans, envoyé sur le flanc gauche de la brigade trouve la lisière Nord de

---

(1) C'est l'expression même de l'*Historique du Grand État-Major prussien*. Les 50ᵉ et 74ᵉ de ligne qui avaient battu en retraite le 4 sur Haguenau, avaient donc conservé un excellent ordre pour ne laisser ni traînards, ni objets abandonnés après un combat aussi rude que celui de Wissembourg.

(2) *Historique du Grand État-Major prussien*, 2ᵉ livraison, page 199.

(3) Historique du 2ᵉ hussards prussien, page 23.

la forêt obstruée par des coupes récentes et fait demi-tour sans chercher à pousser une patrouille au delà.

Le 3ᵉ escadron du 2ᵉ hussards, détaché vers le Rhin, s'était avancé par Niederrœdern et Seltz sur Roppenheim. En arrivant près de Forstfeld, on lui signale l'ennemi. Il met le sabre à la main, s'élance à l'attaque, mais reconnaît à temps qu'il a devant lui deux escadrons de dragons badois (1). Il continue avec eux sur Roppenheim qu'il trouve inoccupé et s'y arrête, tandis que les cavaliers badois poussent sur la route de Strasbourg jusqu'à hauteur de Fort-Louis. Une patrouille de hussards est envoyée à Soufflenheim où elle est reçue à coups de fusil et se replie, s'en tenant à la déclaration de deux traînards faits prisonniers, qu'il y a là 50 hommes environ du 50ᵉ de ligne. Puis le commandant du 3ᵉ escadron s'en remet aux dragons badois du soin de garder le contact et rentre à Soultz sans avoir cherché à reconnaître Haguenau, en contournant Soufflenheim par le Sud.

« En résumé, dit l'*Historique du Grand État-Major* « *prussien*, on avait constaté que l'adversaire semblait « réunir des troupes à Haguenau (2). »

Les reconnaissances envoyées vers l'Ouest avaient donné des résultats autrement importants.

Le 1ᵉʳ escadron du 6ᵉ uhlans (capitaine de Pelet-Narbonne) qui avait mission de couvrir le flanc droit, avait reçu l'ordre de suivre l'itinéraire Riedseltz, Bremmelbach, Memelshoffen, Merckwiller, Oberdorf, Gunstett. Il aperçut bientôt des morts, des effets d'équipement et diverses traces de la retraite de la veille. En sortant de Gunstett, à midi et demi, le capitaine de Pelet-Narbonne, pendant qu'il faisait boire ses chevaux à la

---

(1) Historique du 2ᵉ hussards prussien, page 24.
(2) 2ᵉ livraison, page 199.

Sauer, constata, sur la hauteur de Dürrenbach, l'existence d'un camp français important, en avant duquel se trouvaient deux pelotons de lanciers. Il franchit la Sauer pour les attaquer, mais les lanciers se replièrent et un peloton de uhlans lancé à leur poursuite vint tomber sous le feu d'une grand'garde du 13e bataillon de chasseurs (1) postée dans un fossé, près de la ferme Lansberg. En même temps, une patrouille signala des forces d'infanterie ennemie marchant vers la Sauer (2). L'escadron de uhlans rétrograda, d'abord sur Gunstett, puis sur Soultz, sans chercher à connaître exactement l'importance des troupes adverses et sans garder le contact.

Sur ces entrefaites, les deux escadrons du 2e hussards, commandés par le colonel de Schauroth, s'étaient portés directement de Soultz sur Wœrth. Les patrouilles de droite firent prisonniers à Preuchsdorf et à Lampertsloch quelques isolés de la division Douay et apprirent par des paysans que des troupes de toutes armes venant de Wissembourg et évaluées à 20,000 hommes avaient passé par Langensoultzbach (3). A 9 h. 30, en arrivant à Dieffenbach, le colonel de Schauroth apprit par son avant-garde que la rive droite de la Sauer était fortement tenue par l'ennemi et qu'on y apercevait des forces importantes d'infanterie. Le colonel vérifia par lui-même ce renseignement et adressa un compte rendu au général de division prince Albrecht. Un peu plus tard, comme les hussards de la pointe essayaient de franchir la Sauer à Wœrth, où le pont était en partie détruit, ils reçurent quelques coups de fusil et un certain nombre de coups de canon tirés par la division

---

(1) 4e division (de Lartigue).
(2) Ces détails sont extraits de l'Historique du 6e régiment de uhlans, page 235.
(3) Historique du 2e régiment de hussards.

Raoult des hauteurs d'Elsashausen. De la lisière du bois de Dieffenbach, où il s'était posté, le colonel de Schauroth constata qu'il y avait sur la rive opposée de la Sauer des troupes de toutes armes en nombre considérable. Une patrouille de sous-officier, lancée sur Gunstett lui apprit que les camps français s'étendaient jusqu'à ce point et les paysans lui confirmaient ce renseignement (1). Le colonel de Schauroth resta au contact jusqu'à l'arrivée des avant-postes du Ve corps et fit connaître à son général de division que : « Des troupes « ennemies de toutes armes, installées sur de fortes « positions, occupaient la rive droite de la Sauer, de « Langensoulzbach à Gunstett » ; elles comprendraient, au dire des habitants, les 18e et 45e régiments d'infanterie, et auraient 3,000 hommes à Langensoulzbach. Ces renseignements étaient extrêmement précieux, mais on remarquera que, pour remplir complètement sa mission, le colonel du 2e hussards aurait dû lancer des reconnaissances sur les flancs des campements français de façon à réaliser l'information en profondeur.

Si l'on examine les dispositions prises par la 4e division de cavalerie, on constate un éparpillement des forces en cinq groupes sur un front de près de 40 kilomètres ; le gros de la division ne comprenant pas la moitié de l'effectif total (2 régiments seulement (2) et l'artillerie). Une division de cavalerie française, débouchant de Wœrth, bien groupée dans la main de son chef, aurait non seulement empêché la cavalerie ennemie de remplir sa mission, mais aurait pu en écraser successivement les divers tronçons. En réalité, il suffisait, pour se conformer à l'ordre du 4 août, d'envoyer un escadron sur Soufflenheim, un sur Wœrth, un sur Haguenau, pré-

---

(1) Historique du 2e régiment de hussards.

(2) Le 5e régiment de dragons, de la 4e division de cavalerie, avait été maintenu à Deux-Ponts.

cédés de reconnaissances d'officiers parties à l'aube (1) et de se diriger avec le gros de la division sur Soultz où elle aurait pris une position de halte gardée pour attendre les renseignements.

On observera que, contrairement à l'ordre qu'il avait reçu, le général de Bernhardi n'a pas détaché un régiment de Soultz sur Reichshoffen, mais seulement deux escadrons du 2ᵉ hussards. Il est probable qu'il a voulu conserver les deux autres pour avoir à l'avant-garde et sur le flanc gauche un escadron armé de mousquetons (2).

La 4ᵉ division de cavalerie bivouaqua au Sud de Hunspach.

Le IIᵉ corps bavarois partit de Wissembourg à 6 heures du matin et « ne tarda pas à trouver, sur la « route de Lembach, des indices de la retraite de la « division Douay, tels qu'une centaine de blessés laissés « à Climbach et des bivouacs récemment abandonnés « aux alentours (3) ». Il établit ses nouveaux bivouacs près de Lembach, son quartier-général à Climbach; ses avant-postes, poussés vers Mattstall se relièrent au Kuhbrücke avec ceux du Vᵉ corps (4).

Le Vᵉ corps rompit d'Altenstadt en deux colonnes.

La colonne de droite (10ᵉ division) suivit l'itinéraire : Steinseltz, Bremmelbach, Birlenbach, Keffenach, Me-

---

(1) A défaut de la veille au soir, et en raison de l'arrivée tardive des ordres. Ces reconnaissances auraient été lancées sur Haguenau, Brumath; sur Bischwiller, Strasbourg; sur Niederbronn, Reichshoffen; sur Gunstett, Ingwiller.

(2) En 1870, les uhlans n'étaient pas pourvus, comme aujourd'hui, de carabines.

(3) *Historique du Grand État-Major prussien*, 2ᵉ livraison, page 200.

(4) *Antheil des II bayerischen Armee-Corps an dem Feldzug* 1870-1871. Heilmann, page 14. D'après l'*Historique du Grand État-Major prussien*, la 4ᵉ division bivouaqua près de Pfaffenbronn. (3ᵉ livraison, page 214.)

melshoffen, Lobsann, Lampertsloch, Preuschdorf. Partie
du Geissberg à 8 heures du matin, sa tête n'atteignit
Preuschdorf qu'à 2 heures de l'après-midi, après une
marche pénible (1). La 20e brigade, constituant l'avant-
garde du Ve corps, s'établit à l'Ouest de Dieffenbach et,
faute de pouvoir disposer son service de sûreté au delà
de la Sauer, comme le prescrivait l'ordre du 4 août, elle
mit des détachements à Goersdorf, Dieffenbach, Gunstett, poussant des postes avancés jusqu'à la rivière (2).

La colonne de gauche (9e division et artillerie de
corps) marcha par la route de Soultz ; mais comme cette
route avait été attribuée également au XIe corps, qui y
avait engagé toute la 21e division et toutes les voitures
du corps d'armée, le mouvement de cette colonne ne
put commencer que vers 10 heures, au lieu de 8 heures.

Le gros du Ve corps bivouaqua près de Preuschdorf,
à cheval sur la grand'route.

Le XIe corps avait à sa disposition la route de Soultz
et le chemin de fer. L'infanterie de la 22e division quitta
ses bivouacs près du Nieder-Wald à 6 heures du matin
et suivit la voie ferrée ; tout le reste du corps d'armée
prit la route de Soultz à la même heure, employant
environ quatre heures à s'écouler et empêchant, par
suite, la tête de la colonne de gauche du Ve corps de
rompre avant 10 heures. Les calculs d'écoulement faits
à l'état-major de la IIIe armée étaient donc entachés
d'erreur.

Tout le XIe corps vint s'établir au Sud de Soultz, avec

---

(1) Stieler von Heydekampf, *Opérations du Ve corps prussien*,
page 37.

(2) Demi-bataillon du 37e à Goersdorf ; 4e escadron du 14e dragons
et 2e bataillon du 50e à Gunstett, bataillon de fusiliers du 50e à Dieffenbach. Le reste de la 20e brigade avec le 3e escadron du 14e dragons
et la 6e batterie légère à l'Ouest de Dieffenbach.

des détachements avancés à Surbourg, Ober et Nieder-Betschdorf.

Le corps Werder partit de Lauterbourg à 6 heures, en deux colonnes :

La division badoise, formant la colonne de gauche, marcha d'abord sur Wintzenbach par la grande route de Lauterbourg à Strasbourg. Un détachement de flanqueurs de gauche de l'avant-garde, fort d'un bataillon et d'un escadron, se heurta à Münchhausen à des postes français qu'il refoula jusqu'à Seltz. L'avant-garde se porta alors sur cette localité, dirigeant un bataillon et un escadron sur Niederrœdern ; ce dernier, poussant une reconnaissance sur Roppenheim, constata que les Français venaient d'évacuer ce village pour se replier sur Soufflenheim. Pendant ce temps, le gros de la division se rassembla à Eherhof, entre Wintzenbach et Niederrœdern.

La division würtembergeoise, formant la colonne de droite, franchit la Lauter en amont de Lauterbourg et marcha, par Scheibenhard et Siegen, sur Keidenburg. Sur la nouvelle de l'apparition de troupes ennemies dans la forêt de Haguenau, elle s'arrêta et poussa une brigade sur Oberrœdern.

Dans le courant de l'après-midi, les deux divisions quittèrent les positions qu'elles avaient prises et poursuivirent leur mouvement sur Aschbach, où elles bivouaquèrent, avec des avant-postes sur la ligne Rittershofen, Hatten, Niederrœdern.

Le Ier corps bavarois quitta ses campements de Langenkandel, Minfeld, Minderslachen à 5 heures du matin, mais se trouva arrêté, au delà d'Altenstadt, par le Ve corps qui, ralenti lui-même dans son mouvement par le XIe corps, ne s'était pas encore écoulé sur la route de Soultz. Sa tête de colonne n'atteignit Ingolsheim que vers 6 heures du soir ; les dernières fractions vers minuit seulement.

« A la suite des incidents de cette journée, le quartier
« général de la III⁰ armée, établi à Soultz, avait acquis
« la conviction que c'était dans la direction de l'Ouest,
« et derrière la Sauer, qu'il fallait chercher la masse
« principale ennemie (1). »

Il résultait en effet, d'une part, des renseignements
fournis par la cavalerie, d'autre part « des rapports d'une
« reconnaissance, faite sur l'ordre du Prince royal par
« un officier de l'état-major du quartier général, que la
« division battue à Wissembourg s'était ralliée, sur les
« hauteurs à l'Ouest de Wœrth, à trois autres divisions
« du maréchal de Mac-Mahon (2) ». Mais le doute n'en
subsistait pas moins sur l'importance des forces ennemies signalées à Haguenau.

Le commandant de la III⁰ armée résolut, en tout
état de cause, de concentrer ses troupes le 6 août et
d'attaquer l'armée française le 7 août avec toutes ses
forces (3).

En conséquence, il donna dans la soirée les ordres
suivants :

Quartier général de la III⁰ armée, à Soultz, le 5 août 1870.

« L'armée exécutera demain un changement de front
en restant concentrée autour de Soultz.

« 1° Le II⁰ corps bavarois et le V⁰ corps prussien
conserveront leurs positions actuelles à Lembach et à
Preuschdorf ;

« 2° Le XI⁰ corps prussien, conversant à droite, viendra bivouaquer à Hoelschloch, lançant des avant-postes
vers la Sauer. Il occupera Surbourg et gardera la route
de Haguenau ;

---

(1) *Historique du Grand État-Major prussien*, 2⁰ livraison, page 202.
(2) Von Hahnke, *Les opérations de la III⁰ armée*, page 51.
(3) *Ibid.*

« 3° Le Ier corps bavarois se portera jusqu'aux environs de Lobsann et de Lampertsloch, poussant ses avant-postes, à travers le Hochwald, vers la Sauer ;

« 4° La 4e division de cavalerie, tout en demeurant dans ses bivouacs, fera face à l'Ouest ;

« 5° Le corps Werder gagnera Reimerswiller et fera front vers le Sud. Grand'gardes vers la forêt de Haguenau. De forts avant-postes garderont la route à Kuhlendorf et la voie ferrée à Hoffen.

« Le quartier général sera à Soultz. »

Les prescriptions de cet ordre montrent que le corps Werder fait face à la direction de Haguenau et que le XIe corps est prêt à l'appuyer en cas d'attaque venant du Sud. Le Ier corps bavarois, placé dans l'intervalle entre le IIe corps bavarois et le Ve corps, pourra éventuellement soutenir ceux-ci ou se porter sur Soultz, au secours du XIe corps et du corps Werder.

Le dispositif prévu par la IIIe armée répondait donc à la fois à l'hypothèse d'un mouvement vers l'Ouest et au cas d'un danger signalé vers Haguenau. Il n'en pouvait être autrement, d'ailleurs, en raison des résultats négatifs de la reconnaissance exécutée le 5 août par la brigade de Bernhardi, et il n'y a pas lieu d'être surpris de l'incertitude où devait se trouver le Prince royal dans la soirée, ignorant encore sans doute si la bataille se livrerait sur Frœschwiller ou sur Haguenau.

On remarquera que l'ordre ne dit rien de l'ennemi, ne renseigne pas les commandants de corps d'armée sur les projets du général en chef, ne donne aucune heure de départ et renonce à utiliser la 4e division de cavalerie pour éclaircir la situation dans la direction de Haguenau.

Dans l'après-midi du 5, on prévint le IIe corps bavarois de « porter son attention non seulement sur la route de « Bitche, mais encore sur les environs de Langensoultz-« bach. Si, dans la matinée du lendemain, le canon se

« faisait entendre à Wœrth, ce corps devait faire en
« sorte de jeter une division contre la gauche de l'adver-
« saire, le reste demeurant face à Bitche (1) ».

On l'informait en outre que les têtes de colonnes du
VIᵉ corps étaient arrivées à Landau ; que, le lendemain,
une division de ce corps d'armée s'avancerait dans la
direction de Bitche et de Pirmasens, en faisant occuper
Wissembourg par deux bataillons. Dès lors, la droite
du IIᵉ corps bavarois se trouverait parfaitement garantie.

*
* *

L'ordre qui précède « était basé sur la supposition
« qu'en prenant position derrière la Sauer, l'ennemi
« voulait couvrir le chemin de fer de Strasbourg à
« Bitche, ainsi que les communications qui coupent les
« Vosges (2), et que, dans ce but, l'état-major français
« avait l'intention de livrer bataille, en attirant à lui
« tout ou partie des 7ᵉ et 5ᵉ corps. Si cette hypothèse
« était fondée, — et les nouvelles, les renseignements
« les plus récents tendaient à le faire supposer, — on
« avait, du côté des Allemands, tout le temps d'exécuter
« le mouvement préliminaire projeté pour le 6, et dont
« le but principal était de rapprocher les fractions de
« l'armée les plus éloignées, le Iᵉʳ corps bavarois et le
« corps Werder (1) ».

Si la concentration des 1ᵉʳ, 5ᵉ et 7ᵉ corps français était
un fait accompli, il y avait en effet quelques avantages
pour la IIIᵉ armée à surseoir à la bataille le 6 août et à

---

(1) *Historique du Grand État-Major prussien*, 3ᵉ livraison, page 214.

(2) On a vu précédemment (page 138) que ce sont à peu près les
termes d'un passage du rapport du maréchal de Mac-Mahon à l'Empereur sur la bataille de Frœschwiller.

la reporter au 7. Ce délai permettait de faire serrer les
deux corps de seconde ligne en disposant le corps
Werder devant les débouchés Nord de la forêt de Haguenau ; de recueillir, le 6, de nouveaux renseignements
sur les forces adverses signalées vers le Sud ; de ne pas
fatiguer enfin les troupes à la veille d'une action. Mais
la jonction des 5e et 7e corps français avec le 1er ne
s'était nullement effectuée, ainsi que le faisaient pressentir d'ailleurs les nouvelles reçues jusqu'alors au
quartier général à Soultz.

A retarder l'attaque d'un jour, on laisserait peut-
être au maréchal de Mac-Mahon la faculté d'appeler à
Frœschwiller le 5e corps et deux divisions du 7e ; on
exposerait la IIIe armée à livrer bataille à des forces
presque doubles de celles qui étaient signalées sur la
Sauer le 6 août (1).

Si, faisant abstraction de cette considération, dont la
gravité ne dut pas lui échapper, le Prince royal se décidait à différer la lutte, il importait au plus haut point
d'en informer les commandants de corps d'armée, en
particulier ceux des Ve corps et IIe bavarois.

Du contact étroit qui existait le 5 au soir entre leurs
avant-postes et les grand'gardes françaises ; des escar-
mouches probables qui en résulteraient, pouvaient surgir
des incidents et même des événements imprévus et con-
traires à la volonté du commandant en chef.

Il était non moins nécessaire d'aviser les corps
d'armée de la recommandation qui avait été faite au
IIe corps bavarois de « jeter une division contre la

_____

(1) « Du moment où les opérations étaient commencées, chaque
« jour avait sa valeur pour les Allemands. Différer l'attaque équivalait
« à renoncer, en faveur de l'ennemi, à des avantages essentiels. »
(Général de Woyde, *Causes des succès et des revers dans la guerre de*
1870, tome I, page 173).

« gauche de l'adversaire..... si dans la matinée du len-
« demain le canon se faisait entendre à Wœrth », pour
les empêcher d'engager leur artillerie sans motifs
graves.

Or, cette précaution ne fut pas prise (1) et cette omis-
sion, jointe à l'ignorance des intentions du Prince royal,
fut la cause déterminante de la bataille du 6 août.

La rédaction adoptée par l'état-major de la IIIᵉ armée
pour cette communication au IIᵉ corps bavarois présentait de plus le caractère d'un ordre précis et ferme pour
l'exécution duquel l'unique condition prescrite et le
signal convenu étaient la canonnade de Wœrth.

« Dans des circonstances comme celles dont il s'agis-
« sait ici, c'est-à-dire eu égard à la proximité de l'en-
« nemi et à la grande portée des pièces d'artillerie,
« toutes les causes et toutes les éventualités imaginables
« pouvaient amener une canonnade, qui n'avait rien de
« commun avec les hypothèses que l'instruction du
« général de Blumenthal considérait comme prépondé-
« rantes. Je vais même encore plus loin : étant données
« les circonstances, il aurait fallu un hasard singulier et
« peu vraisemblable pour que les troupes de la division
« Bothmer fussent dans l'impossibilité d'entendre, tant
« soit peu, dans le cours de la journée du 6 août, la
« canonnade venant de la direction de Wœrth (2). »

Il eût donc été prudent, semble-t-il, de recommander
au IIᵉ corps bavarois de se renseigner tout d'abord sur
les causes de la canonnade, qui pouvait être produite
par une batterie française, envoyant — comme il était
arrivé dans la journée du 5 — des obus à quelques cavaliers prussiens.

---

(1) Von Hahnke, *loc. cit.*, page 53.
(2) Général de Woyde, *Causes des succès et des revers dans la guerre de* 1870, tome I, page 160.

L'ordre de la IIIe armée laisse la 4e division de cavalerie à son bivouac.

Il y avait pourtant un très grand intérêt à être renseigné sur la force et les mouvements des troupes adverses au Sud de la forêt de Haguenau, et à recouper par des reconnaissances d'officier les routes qui, de Haguenau, vont à Wœrth, à Reichshoffen et à Ingwiller. C'étaient les directions probables que suivraient des renforts venant du Sud. De même, il eût été utile de prescrire au IIe corps bavarois de pousser des partis de cavalerie vers l'Ouest pour surveiller la route de Bitche à Niederbronn par où le 5e corps pouvait effectuer sa jonction avec le 1er.

Il importait peu d'ailleurs que la 4e division de cavalerie fît « front vers l'Ouest » dès l'instant où l'emplacement de son bivouac ne changeait pas.

On peut dire, en somme, avec le général de Woyde, « que le commandant en chef de la IIIe armée alle- « mande ne se décida pas à attaquer le 6 pour les « raisons suivantes : il n'était pas suffisamment ren- « seigné sur la force et la position de l'adversaire ; en « outre, ces renseignements incomplets provenaient de « ce qu'on n'avait pas su utiliser convenablement la « nombreuse cavalerie dont on disposait..... Une autre « cause prépondérante des fautes signalées ci-dessus « peut, en outre, être attribuée à l'insuffisance frap- « pante d'esprit d'entreprise, qui caractérisait les chefs « supérieurs de la cavalerie allemande ; ces derniers ne « paraissent pas, à beaucoup près, à cette époque, s'être « rendu un compte bien exact des missions qui incom- « bent de nos jours à la cavalerie (1) ».

---

(1) De Woyde, *Causes des succès et des revers dans la guerre de* 1870, tome I, page 177.

*
* *

Dans la soirée du 5 août, les troupes françaises d'Alsace occupaient les emplacements ci-après :

1er corps..	Quartier général.....	Frœschwiller.
	1re division.........	Entre Frœschwiller et Neehwiller.
	2e —	Au Sud de Frœschwiller.
	3e —	Eutre Elsashausen et le bois de Frœschwiller.
	4e —	A l'Est d'Eberbach.
	Division de cavalerie.	Au Nord-Ouest d'Eberbach.
	Réserves d'artillerie et du génie.........	A l'Est de Reichshoffen.
	Parc d'artillerie.....	Besançon, avec une portion à Reichshoffen.
7e corps..	Quartier général.....	Mulhouse.
	1re division...... ...	A Reichshoffen et en route pour s'y rendre.
	2e —	Rixheim et Altkirch.
	3e —	Lyon.
	Division de cavalerie.	Altkirch, Mulhouse, Lyon.
	Réserves d'artillerie et du génie.........	Altkirch.
	Parc d'artillerie.....	Vesoul.
Division de réserve de cavalerie de Bonnemains...............		Au Nord-Est de Reichshoffen.

E.

DOCUMENTS ANNEXES.

Journée du 5 août.

1er CORPS.

a) **Journaux de marche.**

Notes sur les opérations du 1er corps de l'armée du Rhin et de l'armée de Châlons, dictées par le maréchal de Mac-Mahon à Wiesbaden en janvier 1871.

Le quartier général était à Frœschwiller (5 août), la division Ducrot entre Neehwiller et Frœschwiller; la division Raoult à la droite de la division Ducrot, occupant Frœschwiller et Elsashausen. La division de Lartigue, se reliant par sa gauche avec la division Raoult, se prolongeait par sa droite dans la direction de Morsbronn. La 2e division, ex-division Douay, devenue division Pellé, qui avait combattu la veille, était en réserve en arrière de la division Raoult. La division de cavalerie Duhesme (deux régiments de cuirassiers et deux escadrons de lanciers) (1) fut placée en arrière de la droite de la division de Lartigue; le reste de la cavalerie en arrière du centre du corps d'armée. Sur les 6 heures du soir, le Maréchal reçut avis que le corps du général de Failly était mis à sa disposition; il lui donna immédiatement l'ordre, par dépêche télégraphique, de le rejoindre le plus vite possible.

Souvenirs inédits du maréchal de Mac-Mahon.

5 août.

Le 5 août, à la pointe du jour, je portai mon quartier général à Frœschwiller et allai reconnaître cette position, que je n'avais encore étudiée que sur la carte. J'avais avec moi le général Ducrot et M. de Leusse. La position me parut telle que je l'avais jugée, remplissant les conditions que je lui supposais. Son front s'étendait sur les hauteurs

---

(1) Voir page 131, note (1).

de la rive droite de la Sauerbach, dominant celui de la rive gauche. Il était couvert par le cours de la rivière, qui présentait un obstacle sérieux permettant toutefois de reprendre l'offensive par les ponts ou gués qui s'y trouvaient. Ses flancs s'appuyaient à des villages, à des bois favorables à la défense. En avant, à sa droite, sur la rive gauche, se trouvait le plateau de Gunstett, qui dominait toute la vallée. Enfin, elle couvrait nos communications soit sur Metz, soit sur Châlons.

En rentrant à Frœschwiller, je fis placer les troupes de la façon suivante :

La 1re division Ducrot formait l'aile gauche. Elle occupait la position au nord de Frœschwiller sur la rive droite de la Sauerbach, détachant une compagnie sur sa gauche à Neehwiller et une autre à Jægerthal, nœud de plusieurs routes importantes.

La 3e division Raoult fut établie en face de Wœrth, sa droite en avant du village d'Elsashausen, sa gauche sur le contrefort boisé situé à l'Est (1), se reliant à la 1re division.

La 4e division Lartigue fut laissée sur la position où elle avait couché, sur le plateau de Gunstett, d'où elle prenait en flanc toutes les troupes qui attaqueraient la position de la rive droite (2).

La division Pellé, celle qui avait combattu à Wissembourg, fut placée en arrière du centre, en face de Wœrth.

La division Conseil-Dumesnil, que j'attendais dans la journée, devait tenir la droite en occupant Morsbronn. Mais, dans la journée, j'appris que le général Douay, trompé par quelques coureurs würtembergeois qui auraient traversé le Rhin près de Neuenbourg, crut que cette division était menacée sur ses derrières et lui avait donné l'ordre de rétrograder de Colmar sur Mulhouse (3). Craignant que le chemin de fer fût coupé, ce qui aurait empêché cette division de me rejoindre immédiatement, et ne pensant pas alors avoir assez de troupes pour occuper toutes ces positions, je donnai ordre à la division Lartigue de passer sur la rive droite et d'occuper la position que j'avais réservée à la division Conseil-Dumesnil, sa gauche reliée à la division Raoult, en avant des bois du Nieder-Wald, sa droite sur les hauteurs de Morsbronn, occupant fortement la route de Gunstett à Eberbach.

(1) Au Nord-Est de Frœschwiller et à l'Ouest de Gœrsdorf.

(2) La 4e division fut placée ultérieurement sur la rive droite de la Sauer, à droite de la division Raoult.

(3) Les documents du 5 août ne mentionnent pas ce fait. Il semble que le maréchal de Mac-Mahon ait confondu avec la journée du 4 où, effectivement, la division Conseil-Dumesnil fut rappelée par le général Douay de Colmar sur Mulhouse, et exécuta en partie (1re brigade) ce mouvement.

L'artillerie de réserve fut placée en avant, sur la gauche de la division Pellé (1).

La division Duhesme, la brigade Michel et deux escadrons de lanciers, en arrière de la division Lartigue. La brigade Septeuil en arrière de la division Raoult. Enfin, la division de Bonnemains en arrière. Tous les bagages des corps, en arrière de Reichshoffen.

Le 5 août, à 6 heures du soir, je reçus une dépêche du Major général m'annonçant que l'Empereur venait de placer le général de Failly, commandant le 5° corps, sous mes ordres, et que je pouvais en disposer comme je l'entendais (2).

J'écrivis aussitôt au général de Failly pour l'inviter à me rejoindre le plus tôt possible (3). Un peu plus tard, le croyant à Bitche avec ses trois divisions, je lui adressai une autre dépêche lui disant : « Mettez- « vous en route avec tout votre monde le plus tôt possible. Si vous « m'arrivez demain, après-demain nous attaquerons l'armée ennemie « dans la vallée du Rhin et la culbuterons (4). »

Dans la soirée, je remis au commandant du génie Moll, qui devait rejoindre dans la nuit le général de Failly, une dépêche détaillée dans laquelle je l'informais que j'avais l'espoir, dès son arrivée, de reprendre l'offensive (5). Je lui développai le plan d'attaque que je pensais pouvoir exécuter. J'appris le même soir par le général de Failly qu'il était à Sarreguemines et non à Bitche, et qu'il n'y avait à Bitche que la division de Lespart. Elle devait en partir le 6 au matin pour venir me rejoindre; les deux autres divisions établies aux environs de Sarreguemines se mettraient également en route le lendemain, mais ne pourraient pas arriver avant le 7. Je ne devais donc compter le lendemain soir que sur la division de Lespart, mais le 6 je fus attaqué par l'armée du Prince royal de Prusse. Le Prince avait l'intention de laisser ses troupes se reposer le 6, en ne faisant exécuter que quelques mouvements restreints à son armée.

Extraits du journal du comte de Leusse.

5 août.

Le 5 août, à 4 heures du matin, après avoir dormi trois heures, et

---

(1) Exactement, à l'Est de Reichshoffen.

(2) Dépêche partie de Metz à 12 h. 50 de l'après-midi.

(3) Voir page 22.

(4) Ce télégramme n'existe pas dans les documents du 5 août.

(5) La lettre remise au commandant Moll est datée de Frœschwiller, 6 août, 6 heures du matin.

après que le Maréchal eut expédié dépêches sur dépêches à l'Empereur et au général de Failly, nous montâmes à cheval et, en un temps de galop, nous fûmes à Frœschwiller.

Il faudrait 50,000 hommes pour occuper la position. Le Maréchal n'en avait que 30,000, et le lendemain, avec les renforts, il ne devait pas en avoir plus de 35,000. On convint donc que l'on s'étendrait depuis Neehwiller jusqu'à Morsbronn. Les troupes avaient reçu leurs ordres dans la nuit et étaient en partie placées, sauf la division Ducrot qui battait lentement en retraite à travers les montagnes et n'arriva qu'après midi. Il fut convenu que cette division, placée en potence près de Neehwiller avec une de ses brigades sur la route de Reichshoffen, ferait l'aile gauche; que le général Raoult serait au centre, devant le village de Frœschwiller, depuis la route jusqu'au bois qui est vis-à-vis Gœrsdorf; que le reste des troupes irait d'Elsashausen à la sortie des bois au-dessus de Morsbronn.

DIVISION DUCROT.

Historique du 13e bataillon de chasseurs à pied.

5 août.

Au point du jour, les troupes de la 1re division se mettent en marche pour se retirer sur Frœschwiller, où elles arrivent à partir de 9 heures du matin (1).

Le 13e bataillon de chasseurs forme l'arrière-garde et escorte un long convoi de vivres.

La 6e compagnie, placée en extrême arrière-garde, est suivie pas à pas par quelques uhlans qui observent avec attention la marche de la colonne. Au-dessous de Gœrsdorf, ces uhlans tombent sur les postes avancés de nos grand'gardes. Quelques coups de feu, tirés sur eux, jettent une panique inexplicable dans le camp de Frœschwiller, où venaient de se concentrer les quatre divisions du 1er corps d'armée.

DIVISION PELLÉ.

Historique de la division, par le général Pellé (2).

5 août.

Le 5 août, la 2e division, quittant Pfaffenbronn, village situé à 4 kilomètres au Sud-Ouest de Climbach, se rallia au reste du 1er corps d'armée et fut placée d'avant-garde pour se diriger avec lui sur Frœsch-

---

(1) Heure indiquée aussi par l'Historique du 96e de ligne.
(2) Ce manuscrit porte la date de mars 1872.

willer, village situé à environ 3 kilomètres ouest de Wœrth, et près duquel elle campa.

La position qu'occupait le 1er corps en avant de Frœschwiller et qui devait être pour nous, le lendemain, le théâtre d'une trop sérieuse défaite, était bien choisie :

Son front regardait et dominait Wœrth, ainsi que les débouchés de la vallée de Lembach par où pouvait arriver l'ennemi; il était couvert par le cours de la Sauer vers la droite, et vers la gauche par un affluent encaissé de ce cours d'eau, venant de Langensoultzbach.

La gauche de la position s'appuyait à des pentes boisées et escarpées et les derrières à des bois assez considérables.

La route de Haguenau à Bitche la traversait en son centre, passant par le village même de Frœschwiller.

Quatre divisions d'infanterie intactes, dont une du 7e corps, formèrent la première ligne, savoir :

A la gauche la 1re division du 1er corps, sous les ordres du général Ducrot : au centre, les 3e et 4e divisions de ce même corps (généraux Raoult et de Lartigue; à la droite, une division du 7e corps (Conseil-Dumesnil) (1).

La 2e division, à cause de ses pertes et de l'absence de plusieurs de ses bataillons qui n'avaient pas encore rejoint, était en seconde ligne, en arrière et à droite du village. Elle occupait les pentes d'un vallon assez large s'ouvrant vers le Sud et dans lequel était également établie la brigade de cavalerie légère du général de Septeuil (11e chasseurs, 3e hussards). Le reste de la cavalerie du 1er corps ainsi que l'artillerie de réserve étaient établis en arrière du village de Frœschwiller (2).

Le 78e de ligne qui, au départ de Pfaffenbronn, avait formé l'arrière-garde, et le bataillon du 50e, qui était resté à Seltz dans la journée du 4, rejoignirent la division dans l'après-midi du 5. Quelques détachements venant de Haguenau avaient aussi rallié leurs corps. Il ne nous manquait que le 16e bataillon de chasseurs à pied. Ce bataillon, par ordre du général de Nansouty, était resté à Seltz dans la nuit du 4 au 5. Le 5, en raison de la présence de l'ennemi, il s'était rabattu sur Haguenau. Mais, au lieu d'atteindre le col du Pigeonnier, vers lequel il avait ordre de se porter primitivement, il fut embarqué en chemin de fer et ne quitta Haguenau que le 5, vers 10 heures du soir, se dirigeant

---

(1) La division Conseil-Dumesnil campa : la brigade Nicolaï derrière l'aile gauche de la division de Lartigue, entre Elsashausen et le Nieder-Wald, la brigade Maire près de Reichshoffen.

(2) La brigade de cuirassiers Michel et deux escadrons du 6e lanciers campaient à l'Ouest d'Eberbach.

sur Wœrth. Après avoir passé une partie de la nuit en armes et sur la voie pour couvrir la communication, il arriva à Reichshoffen vers 4 heures du matin, le 6, et y fut maintenu par ordre supérieur.

DIVISION RAOULT.

Journal de marche.

5 août.

Séjour à Frœschwiller.

Le 36ᵉ de ligne reçoit 500 jeunes soldats qui sont versés dans les compagnies du 3ᵉ bataillon. Ces jeunes soldats ne savent même pas charger leur fusil chassepot.

Rectification de quelques positions.

Dans la journée, quelques cavaliers ennemis, en petit nombre et par groupes de deux ou trois, semblent accompagner des officiers dans des reconnaissances.

De petits détachements de tirailleurs sont envoyés en embuscade sur les bords de la Sauer. Ils se glissent sans être aperçus, à la faveur des arbres et tirent sur un groupe. Un cavalier tombe de cheval, les autres fuient précipitamment. Quelques hommes franchissent le ruisseau et trouvent, à côté du cheval abandonné, une carte de l'état-major français.

Journal de marche de la 2ᵉ brigade (L'Hériller).

5 août.

La journée du 5 est consacrée à l'installation des troupes. Les positions à défendre sont reconnues avec soin, ainsi que les différentes lignes de retraite. Les adjudants majors de chaque régiment prennent connaissance de l'emplacement assigné aux caissons de munitions de réserve de l'infanterie. Les chefs de corps et les officiers supérieurs reconnaissent avec le général de brigade les positions à faire occuper par les tirailleurs et les réserves, en cas d'attaque, ainsi que les emplacements des grand' gardes et petits postes à placer pour la nuit. Les positions sont rectifiées après cette étude sérieuse ; à gauche le 2ᵉ tirailleurs occupe avec deux bataillons la lisière des bois qui font face au village de Gœrsdorf, sa droite se reliant avec le 48ᵉ de ligne.

Une batterie de mitrailleuses, dissimulée par quelques terrassements et des feuillages, couvre le centre de cette partie de la ligne. Le 3ᵉ bataillon de tirailleurs déploie trois de ses compagnies dans les taillis du versant qui regarde la route de Lembach à Frœschwiller. Le 48ᵉ de ligne défend les crêtes, tantôt boisées, tantôt couvertes de vignes situées en face de Wœrth.

Des compagnies de soutien et de réserve se tiennent en arrière, aussi à l'abri des projectiles que le terrain le permet.

Enfin trois pièces de campagne sont disposées derrière un épaulement rapidement élevé pendant la nuit sur un éperon et prêtent leur appui au 48e de ligne.

Les troupes bivouaquent dans ces positions, employant une partie de la nuit à les rendre plus solides.

La force de la 2e brigade était de 3,600 hommes se décomposant de la manière suivante :

48e de ligne.............................	2,000 hommes.
2e tirailleurs..........................	1,600 —
TOTAL.........	3,600 hommes.

Comme il a déjà été dit, le 2e tirailleurs avait quelques compagnies encore en arrière et qui ne pourront nous rejoindre que plus tard (1).

Dans cette journée du 5 août, on vit quelques groupes de trois à quatre cavaliers chacun, parcourir les coteaux en face de nous, de l'autre côté de la Sauer et opérer une sorte de reconnaissance des moindres accidents de terrain. Quelques bons tireurs du 2e tirailleurs, bien dirigés par le commandant Mathieu, parvinrent à s'approcher d'eux sans être aperçus et leur tirèrent quelques coups de fusil. Un officier prussien tomba. Les autres cavaliers s'enfuirent rapidement au galop et nos tirailleurs purent s'avancer. Ils ramassèrent, à l'endroit où était tombé l'officier, une carte de l'état-major français au 1/80000e.

Dans la soirée le 48e reçut un détachement de 500 hommes de la réserve. Ces hommes, rapidement habillés, équipés, armés, n'avaient aucune espèce d'instruction. On se hâta de leur démontrer de suite et le lendemain matin, dès 4 heures, la manière de charger leur arme. Quelques instants après, ils furent engagés dans une grande bataille ; aussi furent-ils plutôt un embarras qu'un renfort, malgré toute leur bonne volonté.

La nuit du 5 au 6 août fut très pénible pour tout le monde ; l'eau ne cessa de tomber qu'à la pointe du jour, le terrain détrempé était devenu si glissant qu'il fallut le couvrir de branches pour le rendre praticable. L'artillerie ne pouvait se mouvoir qu'avec difficulté.

Historique du 2e *tirailleurs.*

5 août.

..... Pendant la nuit, des coups de feu partis de nos avant-postes signalent, surtout vers la gauche, les mouvements de l'ennemi. On entendait du reste, distinctement, au bas des pentes, le bruit de la marche des troupes, pièces et voitures.

---

(1) 4e bataillon, maintenu provisoirement en Algérie.

DIVISION DE LARTIGUE.

Journal de marche du colonel d'Andigné (1).

5 août.

Nous arrivons à Gunstett à 3 heures du matin (2) ; à 5 heures je monte à cheval avec le général (de Lartigue), et, après une reconnaissance rapide du plateau, la division y est établie. A 7 heures le colonel Faure (3) vient, de la part du Maréchal, nous apporter l'ordre de reculer et de venir occuper en arrière du Sauerbach les plateaux entre Elsashausen et Morsbronn, de manière à former la droite du corps d'armée. Je cours de suite faire filer nos bagages divisionnaires sur Eberbach, et je reconnais nos positions. Elles sont fortes et très bonnes pour peu que la route d'Eberbach reste au centre et que Morsbronn et la hauteur en arrière soient fortement occupés. Nous nous établirons en conséquence.

Malheureusement, le Maréchal dont les positions sont déjà trop étendues et auraient exigé un effectif de deux corps d'armée, nous prescrit d'appuyer à gauche, ce qui ôte à notre droite tout soutien naturel.

Vers midi nous sommes entièrement établis, et les grand' gardes placées au Sauerbach. On a cherché à faire sauter le pont de pierre près du moulin, mais ce travail nous a appris que les voitures du génie ne portent pas de poudre de mine. A moins donc de saigner des gargousses et de prendre de la poudre à canon, aucun fourneau de mine ne peut être disposé.

De fréquents rapports de paysans et nos patrouilles de cavalerie signalent l'approche d'un ennemi nombreux.

Rien ne se passe toutefois dans la journée qu'un échange de coups de fusil entre les vedettes.

Le Maréchal vient visiter nos positions vers 4 heures et nous prescrit de nous resserrer pour la nuit. Le général Colson, à qui je demande si le Maréchal n'appelle pas à lui le général de Failly, qui est à Bitche, et ce qu'il peut y avoir d'Allemands devant nous, me répond que le général de Failly vient de faire savoir qu'il est lui-même très menacé de front et ne peut quitter ses campements, et que nous pouvons

---

(1) Chef d'état-major de la division.

(2) La division de Lartigue était partie de Haguenau le 4 à 9 heures du soir.

(3) Le général Faure, sous-chef d'état-major général du 1er corps.

avoir 30,000 à 40,000 hommes en face de nous (1). En ce moment arrivait la division Conseil-Dumesnil du 7º corps, qui, bien qu'incomplète, portait notre effectif à 35,000 ou 40,000 hommes (2).

« Nous serons probablement attaqués, lui dis-je, car les éclaireurs allemands sont bien hardis ; deux uhlans sont venus tout à l'heure se faire tuer sur la grande route, au milieu de nous. Le Maréchal pense être attaqué demain, me répondit-il ; aussi, comptant sur un échec pour les assaillants, il a prescrit à l'intendance de faire amener trois jours de vivres de la station de Reichshoffen à Frœschwiller, afin de pouvoir les distribuer aux troupes après l'action et les porter en avant. »

Les ordres du Maréchal sont exécutés aussitôt après son départ ; les tentes sont dressées partout (3) ; les grand'gardes placées pour la nuit et les feux éteints après qu'un système de patrouilles d'infanterie et de cavalerie a été organisé pour éviter toute surprise, et qu'une compagnie de chasseurs a été envoyée à la ferme de Lansberg.

Une pluie diluvienne commence à tomber à 9 heures du soir et dure jusqu'au point du jour.

Deux escadrons du 6º lanciers (4), commandés par M. Bonie, chef d'escadron, sont attachés à la 4º division d'infanterie et bivouaquent le long et en arrière de l'Eberbach.

Nos services administratifs sont établis dans un pli de terrain, le long et en avant de l'Eber, en amont du pont.

Le camp du génie est le long du même ruisseau, en aval du pont.

L'artillerie est entre les troupes d'infanterie et l'Eber.

En arrière et contre Eberbach, où loge le général Duhesme, déjà fort souffrant, campe la brigade de cuirassiers Michel (8º et 9º régiments).

DIVISION DE CAVALERIE (DUHESME).

Journal de marche de la 1re brigade (de Septeuil).

5 août.

La brigade reçoit l'ordre de quitter Lembach à 1 heure du matin, et de se diriger sur Frœschwiller, où elle arrive vers 9 heures du matin.

---

(1) Voir page 119, note (1).

(2) Un bataillon du 21º de ligne de la brigade Nicolaï seulement. Le gros de cette brigade ne débarqua à Reichshoffen que vers 7 heures du soir. La brigade Maire n'arriva que dans la nuit du 5 au 6 août.

(3) L'ordre avait été donné le 5 au matin d'abattre les tentes et de ne pas les remonter jusqu'à nouvel ordre.

(4) 1er et 3e escadrons.

Historique du 6e lanciers.

Le 5, à 5 heures du matin, la cavalerie se remit en marche (d'Eschbach), reprit la route de Wœrth par Hegeney et Morsbronn et s'arrêta quelques instants, pour faire le café ou la soupe sur les dernières pentes des collines d'Eberbach, au pied du Lansberg, en face des hauteurs de Gunstett.

Vers 7 heures, la brigade de cuirassiers (1) reprit sa marche et les deux escadrons (1er et 3e) du 6e lanciers se disposaient à la suivre lorsqu'ils reçurent l'ordre de mettre pied à terre et d'attendre le passage de la 4e division d'infanterie à laquelle on leur apprenait qu'ils étaient attachés comme cavalerie divisionnaire.

Ce même jour le 4e et le 5e escadrons se mettaient en route de Schlestadt et des environs pour rejoindre le 1er et le 3e.

Le 2e escadron demeurait à Schlestadt formant le dépôt.

Les premières têtes de colonnes de la 4e divison débouchèrent de la route de Wœrth à 8 heures.

Un peloton du 3e escadron (4e, lieutenant Herrmann), entra dans la colonne escortant le général de division ; un autre (2e, sous-lieutenant Bardy) fut renvoyé en reconnaissance dans la plaine sur les derrières. Au moment où la 4e division, ayant gravi le Lansberg, s'enfonçait dans le chemin de Morsbronn à Eberbach, les premiers éclaireurs prussiens apparaissaient sur les hauteurs de Gunstett.

Le campement affecté au 6e lanciers pour la journée du 5 touchait au Nord aux premières maisons du village d'Eberbach et s'étendait entre la petite rivière du même nom à l'Est, le chemin d'Eberbach à Gunstett au Sud, et celui d'Eberbach à Forstheim à l'Ouest.

La brigade de cuirassiers (8e et 9e) au Nord-Ouest d'Eberbach ; le 56e de ligne sur les pentes occidentales du Lansberg ; le 1er bataillon de chasseurs et le 3e tirailleurs indigènes fermant la route d'Eberbach à Morsbronn au sommet du Lansberg, l'un à gauche, l'autre à droite ; le 3e zouaves dans les bois de Spachbach (2) ; les parcs sur le plateau du Lansberg ; l'artillerie divisionnaire couronnant les crêtes et plongeant dans la vallée de la Sauer, en avant de Gunstett.

Le 87e de ligne, le 10e dragons (3), le 4e et le 5e escadrons du 6e lan-

---

(1) Brigade Michel.

(2) Nieder-Wald.

(3) Le 10e dragons était affecté à la 2e brigade de la division Duhesme et ne la rejoignit que plus tard.

ciers et la réserve d'artillerie étaient en marche pour rejoindre (1), mais ne purent le faire avant la fin de la bataille, qui devait se livrer le lendemain ; le 87ᵉ de ligne et le 10ᵉ dragons ne parurent même pas.

La journée du 5 se passa tout entière pour le 6ᵉ lanciers en reconnaissances. A peine installé au bivouac, le général de Lartigue appela à lui deux pelotons du 1ᵉʳ escadron (4ᵉ, lieutenant Bocheron, et 3ᵉ, sous-lieutenant Douville) et leur commanda d'aller explorer le pays dans les deux directions de Wœrth et de Soultz-sous-Forêts. Ces deux pelotons, descendant des hauteurs du Lansberg, allaient atteindre la plaine entre Morsbronn et Gunstett et distinguaient déjà de nombreux mouvements de troupes dans les bois, à l'horizon, lorsqu'un régiment de uhlans, débouchant du Nieder-Wald (2), en arrière de Gunstett, vint se former en bataille sur la lisière de la forêt et rompant rapidement par pelotons, se précipita à la charge contre la petite division du 6ᵉ lanciers.

Obligé de traverser le village de Gunstett et le pont sur la Sauer, l'ennemi éprouva un temps d'arrêt qui permit aux deux pelotons de reconnaissance d'exécuter leur mouvement de retraite lentement et en bon ordre et d'attirer dans un véritable piège les uhlans qui, ayant repris leur course à la sortie du pont de la Sauer et s'élançant à la poursuite des deux pelotons sur les pentes ascendantes du Lansberg, furent en effet arrêtés net par le feu nourri et croisé du 1ᵉʳ bataillon de chasseurs à pied et du 3ᵉ tirailleurs indigènes, établis derrière un rideau d'arbres, à droite et à gauche de la route de Morsbronn à Eberbach. Les deux pelotons de reconnaissance s'enfoncèrent dans cette route, protégés ainsi par l'infanterie sans avoir perdu personne, quoique les uhlans eussent ouvert sur leurs derrières un feu de pistolets assez vif. L'ennemi, surpris par la fusillade inattendue des chasseurs et des tirailleurs, tourna bride précipitamment et redescendit le Lansberg laissant sur le terrain une dizaine de chevaux et autant de cavaliers tués ou blessés.

Une deuxième reconnaissance, exécutée quelques instants après par les mêmes officiers en avant du village de Morsbronn, aux environs de Dürrenbach, fit rétrograder dans la forêt de Haguenau un poste de hussards prussiens établis au petit pont d'Hinterfeld sur l'Eberbach. On découvrit en même temps que l'ennemi avait coupé à Walbourg le chemin de fer de Haguenau à Wissembourg. Un employé de la station fut trouvé assassiné sur la voie.

En rentrant au quartier général de la division vers 4 heures, les pelotons de reconnaissance aperçurent dans la plaine un assez grand

---

(1) Le 87ᵉ de ligne était resté à Strasbourg.
(2) Il s'agit ici du Nieder-Wald, au Nord-Ouest de Hœlschloch.

nombre de soldats d'infanterie française qui paraissaient chercher à s'installer sur les bords de la Sauer en avant de Gunstett. Ces troupes appartenaient à la division Conseil-Dumesnil et ne semblaient pas avoir connaissance du danger qu'elles couraient à s'établir ainsi dans la plaine, ayant en face, à droite et à gauche, un ennemi nombreux, embusqué dans la forêt de Haguenau. Avis en fut donné au général de Lartigue par les officiers chargés de la reconnaissance. Le 99ᵉ de ligne (1), changeant son campement, vint s'établir le soir en arrière de la 4ᵉ division pour y remplacer le 87ᵉ de ligne arrêté à Strasbourg.

Les reconnaissances du 6ᵉ lanciers se terminèrent à 5 heures du soir. Pendant la nuit du 5 au 6, le 6ᵉ lanciers fut particulièrement chargé de placer des vedettes sur les derrières du campement de la 4ᵉ division, d'Eberbach à Forstheim, et d'exécuter des rondes de surveillance du côté Sud de la forêt de Haguenau, aux environs de Griesbach et de Laubach (2). Les pelotons du 1ᵉʳ escadron demeurèrent au repos, le 3ᵉ escadron fut chargé du service de nuit. Une pluie torrentielle qui ne cessa que le matin vers 4 heures rendit ce service très pénible. Un certain nombre de coups de feu furent entendus du camp, mais ils provenaient de vedettes peu expérimentées et troublées encore par l'obscurité et le mauvais temps. Les rondes ne signalèrent d'ailleurs aucune troupe ennemie sur les derrières de la 4ᵉ division.

En résumé, les reconnaissances du 6ᵉ régiment de lanciers dans la journée du 5 août et dans la nuit du 5 au 6, établissaient que l'ennemi occupait en force la forêt de Haguenau de Gunstett à Walbourg ; que des troupes se montraient aux environs d'Eschbach au Sud du pont d'Hinterfeld, et qu'enfin les derrières de la 4ᵉ division, c'est-à-dire la route de Haguenau à Reichshoffen par Mertzwiller, étaient complètement libres.

Pendant ces opérations du 6ᵉ régiment de lanciers à la 4ᵉ division d'infanterie, les deux pelotons envoyés la veille à Soufflenheim et à Bischwiller pour surveiller le Rhin, couraient les plus grands dangers. En effet ces deux pelotons s'étaient réunis à Soufflenheim et avaient pris la route de Wissembourg par Soultz-sous-Forêt, à travers la forêt de Haguenau.

En ce moment, Soultz était occupé par le gros des troupes du Prince royal de Prusse qui y avait transporté le quartier général de la IIIᵉ armée, et les deux pelotons du 6ᵉ lanciers allaient se heurter à 80,000 hommes.

---

(1) C'était, en réalité, le 1ᵉʳ bataillon du 21ᵉ de ligne, arrivé à Reichshoffen à 11 heures du matin.

(2) Griesbach et Laubach sont à l'Ouest de la lisière Nord de la forêt de Haguenau.

Heureusement, à quelque distance de l'entrée de Soultz, des paysans arrêtèrent les deux pelotons et leur apprirent la situation plus que périlleuse qui leur était faite. Les pelotons rétrogradèrent dans la direction de Haguenau : trois cavaliers égarés en avant disparurent à ce moment. A Haguenau, malgré les demandes pressantes des deux officiers, on ne put leur fixer d'une façon précise le lieu où se trouvait le gros des escadrons. On leur indiqua seulement comme direction probable la route de Niederbronn. Arrivé à Reichshoffen, on apprit enfin que le régiment était à l'extrême droite du corps d'armée aux environs de Morsbronn ; et après une marche de trente heures dans un pays de forêts occupé en grande partie par l'ennemi, les deux pelotons rejoignirent enfin le campement de leur escadron, le 6 août à 8 heures du matin.

ARTILLERIE (1ᵉʳ CORPS).

Historique du 6ᵉ régiment d'artillerie, 11ᵉ et 12ᵉ batteries (1). (*Réserve du 1ᵉʳ corps.*)

5 août.

Nous arrivons à Frœschwiller le 5 à la pointe du jour. Le corps du maréchal de Mac-Mahon était réuni là tout entier. La matinée fut employée à prendre des positions de combat : on s'attendait à voir déboucher l'ennemi. Nous fûmes placés en réserve près du hameau d'Elsashausen dans un verger d'où nous eûmes, à cause de la maladresse des conducteurs, encore plus de peine à sortir que nous n'en avions eu à y entrer.

Vers 2 heures, l'ennemi ne paraissant pas, on donna l'ordre de parquer. Mais une centaine de uhlans se montrèrent à nos attelages qui avaient été boire sans escorte au ruisseau de Wœrth ; il y eut une alerte sérieuse ; les pièces furent attelées ; on gravit de nouveau les pentes, et à 5 heures seulement, nous recevions l'ordre de parquer, mais à peine le mouvement était-il terminé qu'on nous faisait changer de camp pour aller occuper un endroit mieux choisi. Hommes et chevaux étaient harassés. La 12ᵉ batterie put se procurer de la viande, mais la 11ᵉ fut moins heureuse. Il n'y avait que 6,000 rations pour les 35,000 hommes réunis autour de Frœschwiller. On ne dressa pas de tentes à cause du voisinage de l'ennemi.

La pluie tomba pendant toute la nuit.

Les autres batteries de la réserve d'artillerie campent aussi à Reich-shoffen. Les batteries à cheval se trouvaient adossées au village, les pièces en batterie en avant du front, les chevaux sellés et garnis toute la nuit.

---

(1) Manuscrit portant la date de Grenoble, 9 août 1871.

c) Opérations et mouvements.

Ordre du maréchal de Mac-Mahon.

Frœschwiller, 5 août.

Demain, séjour.

Tous les bagages rejoindront leurs corps respectifs et devront partir de Reichshoffen à 7 heures du matin.

Les troupes recevront demain double ration de viande.

d) Situation et emplacements.

Situation sommaire d'effectif au 5 août.

CORPS.	HOMMES.	CHEVAUX.	EMPLACEMENTS.
Quartier général....................	»	»	Reichshoffen.
Division Ducrot....................	10,643	»	Entre Frœschwiller et Nechwiller.
Division Pellé....................	8,586	»	Au Sud-Ouest de Frœschwiller.
Division Raoult....................	8,201	»	Frœschwiller.
Division de Lartigue..............	8,435	»	A l'Est d'Eberbach.
Division de cavalerie (Duhesme)......	3,722	»	A l'Ouest d'Eberbach.
Divers...........................	611	»	
Réserve d'artillerie et génie..........	2,029	»	Près de Reichshoffen (1).
TOTAUX.......	42,227	8,045	

(1) Parc d'artillerie : Besançon et Reichshoffen.

Journée du 5 août.

RÉSERVE DE CAVALERIE.

a) Journaux de marche.

DIVISION DE CAVALERIE DE BONNEMAINS.

La 2e brigade arrive à Haguenau à 4 heures du matin et bivouaque aux portes de la ville, sur les bords de la Moder. La 1re brigade arrive une heure après et s'installe près de la 2e. La division apprend, à Haguenau, le résultat de la bataille de Wissembourg et y trouve une partie des blessés évacués.

Vers 11 heures du matin, sans ordre, mais en prévoyant les difficultés qu'il pourrait avoir à passer plus tard, le général de division quitte son bivouac et se dirige vers Reichshoffen où il apprend que l'armée est réunie. On marche sur une seule colonne.

A 3 heures de l'après-midi, la tête de colonne arrivait dans le vallon entre Reichshoffen et les bois de Frœschwiller. Une panique générale venait de s'emparer des troupes qui occupaient cet emplacement, les convois fuyaient dans toutes les directions. La division fut alors formée en colonne serrée par régiments, et les deux batteries prirent position à 200 mètres environ, sur un mamelon qui commandait le débouché de la route de Frœschwiller.

Vers 5 heures, un officier de l'état-major général apportait au général de Bonnemains l'ordre de camper sur les positions qu'il occupait et le prévenait d'un séjour pour le lendemain et d'avoir à prendre deux jours de vivres et de fourrages.

Aucune distribution n'a été faite.

d) Situation et emplacements.

Effectif au 5 août : 2,641 hommes.
Emplacement : à l'est de Reichshoffen.

Journée du 5 août.

7e CORPS.

a) Journaux de marche.

1re DIVISION.

Extrait de l'Historique du 3e régiment d'infanterie.

Le 5 août, la division quitte Colmar pour rejoindre le 1er corps d'armée. Les troupes sont transportées à Reichshoffen en chemin de fer.

Toute la 1re brigade réunie part de Reichshoffen à 4 heures du soir pour rejoindre le 1er corps, dont les régiments sont en train de prendre les positions où ils doivent bivouaquer et combattre. Les troupes françaises occupent les collines à droite de la vallée de la Sauer, depuis le village de Morsbronn jusqu'au delà du village de Frœschwiller. De l'autre côté de la vallée, les hauteurs sont occupées par les Allemands. Au pied de ces hauteurs, sur la rive gauche de la Sauer, est le village de Wœrth, également occupé par les Allemands (1).

La 1re division du 7e corps prend position au centre de la ligne française, face au village de Wœrth, la droite appuyée à la division de Lartigue, la gauche aux débris de la division Douay, écrasée le 4 août au combat de Wissembourg. La 1re division du 7e corps est formée sur deux lignes : la première ligne, composée de la 1re brigade (17e bataillon de chasseurs, 3e et 21e de ligne) (2), est couverte en avant par la division Raoult, du 1er corps. La 2e brigade (47e et 99e), formant la deuxième ligne, est en réserve plus en arrière (3).

Le 3e de ligne est formé en colonnes doubles par bataillon, à intervalles de déploiement : il borde le chemin de Morsbronn à Frœschwiller, un peu en arrière de la crête des collines; il bivouaque dans cet ordre et sans tentes. Le soir, éclate un orage épouvantable qui dure jusqu'à 3 heures du matin.

ARTILLERIE (1re DIVISION).

Journal de marche.

5 août.

Dans la nuit du 4 au 5 août, un ordre reçu (à Ensisheim) par voie télégraphique prescrivait aux deux batteries de retourner au plus vite sur Colmar et de s'y embarquer en chemin de fer pour Haguenau, en ralliant la batterie de Franchessin (4).

Les trois batteries étaient rendues à la gare de Colmar à 11 heures du matin. Leur matériel a pu être embarqué de suite; cette opération était terminée à 1 heure après-midi; mais les wagons pour les hommes et les chevaux manquaient; on a dû attendre jusqu'à 7 heures du soir pour commencer l'embarquement, et les batteries entières sont parties successivement à 9 heures, 10 heures et minuit.

---

(1) Indication inexacte.

(2) Un seul bataillon. Les deux autres sont : l'un avec l'artillerie divisionnaire, l'autre à Haguenau.

(3) Près de Reichshoffen, où elle arrive entre minuit et 1 heure du matin.

(4) A Colmar.

2ᵉ DIVISION.

Historique du 5ᵉ *de ligne.*

Le 5 août, la 1ʳᵉ brigade de la 2ᵉ division part à 8 heures du matin (1) et va camper à Rixheim, entre Mulhouse et le Rhin, dans l'angle formé par le canal et le chemin de fer (2).

Historique du 89ᵉ *de ligne.*

Le 5 août, la 2ᵉ brigade de la 2ᵉ division s'ébranle à 6 h. 1/2 du matin; la colonne se dirige sur Altkirch en suivant la route impériale qui passe par Pérouse, Valdieu, Dannemarie et Ballersdorf. Elle arrive à Altkirch à 5 heures du soir après un parcours de 38 kilomètres sous un soleil brûlant. Le camp est établi dans des prairies en avant de la ville, à droite de la route de Belfort à Mulhouse et sur la rive droite de l'Ill. De l'autre côté de la route se trouvent l'artillerie (3) et le convoi.

Historique du 7ᵉ *régiment d'artillerie* (7ᵉ *et* 10ᵉ *batteries. Réserve du* 7ᵉ *corps*).

5 août.

Les 7ᵉ et 10ᵉ batteries (de 12) partent de Belfort à 6 heures du matin pour Altkirch, avec celles des troupes du 7ᵉ corps qui étaient alors réunies à Belfort.

Arrivée à 3 h. 1/2. Campé dans une prairie au-dessous de la ville, près de la voie du chemin de fer.

La réserve d'artillerie et des batteries divisionnaires occupent le même emplacement. (Manuscrit daté de Rennes, 25 août 1871).

b) **Organisation et administration.**

Le Ministre de la guerre au Major général, à Metz.

Paris, 5 août.

Sur la proposition qui m'a été transmise par le général commandant

---

(1) D'Altkirch.

(2) Avec l'artillerie divisionnaire. La compagnie du génie (4ᵉ du 2ᵉ régiment) part de Belfort le 5 août avec la 2ᵉ brigade de la division.

(3) Réserves d'artillerie et du génie.

le génie du 7ᵉ corps, je décide que les compagnies du 2ᵉ régiment du génie au 7ᵉ corps seront réparties ainsi qu'il suit :

Quartier général du 7ᵉ corps.............. 12ᵉ compagnie.
1ʳᵉ division........................... 2ᵉ   —
2ᵉ division........................... 4ᵉ   —
3ᵉ division........................... 3ᵉ (1) —

Je donne avis de cette nouvelle répartition au général commandant le 7ᵉ corps et au général commandant le génie de l'armée.

Le général de Liégeard au général Soleille, à Metz.

Belfort, 5 août.

J'ai l'honneur de vous rendre compte que les troupes d'infanterie de la 2ᵉ division du 7ᵉ corps ne sont pas munies des objets de rechange pour fusil modèle 1866 que le soldat doit porter avec lui. Les renseignements que j'ai demandés à la 1ʳᵉ et à la 3ᵉ division sur le même sujet ne me sont pas encore parvenus, par suite de l'éloignement et des mouvements de ces troupes. J'ai néanmoins fait inviter la 3ᵉ division (à Lyon) à s'en munir directement.

Ceux de ces objets d'approvisionnement dont vous m'avez annoncé l'envoi ne me sont pas encore parvenus, et les caissons des réserves divisionnaires ne renferment que la moitié de leur complet réglementaire.

La cavalerie, échelonnée sur les bords du Rhin, n'a pas répondu aux demandes réitérées que je lui ai adressées pour savoir si elle était munie de moyens d'enclouage.

J'ai la presque conviction que deux régiments seulement de la division en sont pourvus.

Le général commandant en chef le 7ᵉ corps, par suite d'une dépêche du maréchal de Mac-Mahon, envoie sa 1ʳᵉ division à Haguenau, la 3ᵉ est toujours à Lyon, la 2ᵉ, avec la cavalerie et la réserve d'artillerie, ira se concentrer à Mulhouse. Dans cet état de choses, nous avons pensé qu'il n'y avait pas lieu de faire faire de mouvement au parc, auquel d'ailleurs il manque encore deux compagnies du train.

J'ai communiqué aux différents groupes de l'artillerie du 7ᵉ corps la note que vous m'avez adressée à la date du 27 juillet, n° 50, et relative à certaines dispositions concernant l'artillerie ; je prends les mesures

---

(1) La 3ᵉ compagnie, primitivement affectée à la 2ᵉ division, n'était pas encore arrivée à Belfort.

nécessaires pour pouvoir en prescrire l'application le plus tôt possible.

J'éprouve quelques difficultés par suite de l'éloignement et de la dispersion des batteries divisionnaires.

c) **Opérations et mouvements.**

Le général Douay au Major général, à Metz, et au maréchal de Mac-Mahon, à Reichshoffen (D. T.).

Belfort, 5 août, 7 h. 2 matin.

Je porte aujourd'hui la division Liébert à Mulhouse, où seront concentrés **7** bataillons (1), **12** escadrons (2) et **60** pièces (3).

Je ne m'y rendrai de ma personne que ce soir, pour expédier toutes les affaires courantes.

Renseignements sur la part prise par le génie aux opérations du 7e corps (4).

Le 5 août, les deux divisions du 7e corps, déjà concentrées dans l'Est, la 1re à Colmar, la 2e à Belfort, se portèrent sur Mulhouse (5) pour mettre la haute Alsace à l'abri d'une tentative de passage du Rhin supérieur, que les renseignements reçus au quartier général faisaient considérer comme possible. Le général Douay avait arrêté, sur les propositions du général Doutrelaine, les dispositions à prendre pour parer à cette éventualité.

Le mouvement des troupes était à peine commencé que le général Douay dut envoyer sa 1re division au secours du 1er corps.

---

(1) Les sept bataillons de la 1re brigade (6e bataillon de chasseurs, 5e et 37e de ligne).

(2) Treize escadrons : cinq escadrons du 4e hussards, quatre du 4e lanciers, quatre du 8e lanciers.

(3) Trois batteries de la 2e division ; six batteries de la réserve d'artillerie ; une batterie de la 3e division, marchant provisoirement avec la réserve d'artillerie du 7e corps.

(4) Document rédigé par le lieutenant-colonel Béziat, chef d'état-major du génie du 7e corps et portant la date : 13 mai 1873.

(5) L'auteur de ce document confond ici les événements du 4 avec ceux du 5. C'est le 4, et non le 5, que la 1re brigade et deux batteries de la division Conseil-Dumesnil se portèrent de Colmar sur Mulhouse.

d) **Situation et emplacements.**

Situation sommaire d'effectif au 5 août.

CORPS.	HOMMES.	CHEVAUX.	EMPLACEMENTS.
Quartier général................	»	»	Mulhouse.
Division Conseil-Dumesnil.........	7,642	531	Reichshoffen, et à l'O. d'Elsashausen.
Division Liébert.................	8.230	646	Mulhouse, Altkirch.
Division Dumont.................	9,173	405	Lyon.
Division de cavalerie Ameil.........	2,984	2,929	Mulhouse.
Réserve d'artillerie..............	1,638	1,490	Altkirch (1).
Réserve du génie................	329	48	Id.
TOTAUX.......	29,996	6,059	

(1) Le parc d'artillerie s'organise à Vesoul.

RENSEIGNEMENTS

BULLETIN DE RENSEIGNEMENTS DE L'ÉTAT-MAJOR GÉNÉRAL
DE L'ARMÉE.

Metz, 5 août.

Le roi de Prusse a quitté Berlin le 31 juillet à 6 heures du soir et a établi son quartier général à Mayence le 2 août. M. de Bismark accompagnait le roi.

Le prince Frédéric-Charles, commandant la IIe armée était arrivé dans la même ville le 28 juillet.

D'après les journaux de Carlsruhe, le prince royal de Prusse s'était, en quittant cette ville, dirigé vers Spire pour y établir son quartier général. (Un autre renseignement le place à Mannheim.)

Le général de Blumenthal est, comme en 1866, le chef d'état-major de ce prince dont l'armée, comprenant les troupes allemandes du Sud, porte le nom d'armée du Sud.

Ce sont les troupes de cette armée qui ont attaqué Wissembourg dans l'après-midi d'hier, sous les yeux du Prince royal. D'après une dépêche prussienne, elles appartenaient aux Ve et XIe corps prussiens et à un corps d'armée bavarois. Leurs pertes ont été très considérables. Le général de Kirchbach, commandant le Ve corps, a été blessé.

Le XIe corps est commandé par le général de Bose.

Le corps bavarois serait sous les ordres du général Hartmann.

Les troupes bavaroises signalées aux avant-postes sur la Sarre, en dépendent.

Contrairement aux renseignements qui avaient été reproduits dans de précédents bulletins, c'est le général Steinmetz et non le prince Frédéric-Charles, qui est descendu le 2 août à l'usine de la Quinte, près de Trèves, pour prendre la direction des opérations sur la Sarre.

Un espion arrivé de Saint-Ingbert et de Deux-Ponts, rapporte que, dans cette dernière ville, on attend l'état-major du IVe corps d'armée fédéral, qui doit se concentrer dans cette région et s'y réunir à des troupes bavaroises. Le 27e régiment d'infanterie qui appartient, en effet, au IVe corps, et le 11e hussards (X[e] corps) se trouveraient déjà à Deux-Ponts.

Quant aux Saxons (XIIe corps) leur destination n'est pas encore bien connue. D'une part, on rapporte que leur commandant, le prince royal de Saxe, est arrivé le 29 à Wiesbaden; d'autre part, une corresponpondance de Hambourg, publiée par le journal anglais le *Globe*, raconte le passage de troupes saxonnes dans cette ville, où elles auraient été acclamées. Elles se rendaient dans le Schleswig, où ce journal annonce une concentration considérable dont il porte le chiffre, contre toute vraisemblance, à 120,000 hommes.

Enfin, un espion prétend avoir vu le 12e régiment d'artillerie (artillerie saxonne) à Kreutznach, mais ce fait mérite confirmation.

Les renseignements des 2 et 3 août, bien qu'en partie contradictoires, semblent indiquer qu'il y a peu de troupes sur le Haut-Rhin, et que la majorité de l'armée du Sud se concentre sur le Bas-Rhin. Les événements d'hier confirment cette présomption.

Toutefois, on signale la présence de 6,000 wurtembergeois à Kandern, ainsi que des concentrations aux environs de Neuenbourg et entre cette localité et Mülheim.

On croit aussi qu'à Lœrrach et sur le plateau de Tullingen se trouvent quelques détachements peu nombreux.

De nouveaux régiments du IIIe corps sont signalés comme étant passés à Kreutznach, venant de Bingen : ce sont les 48e, 12e et 20e régiments d'infanterie, les trois batteries à cheval de ce corps d'armée seraient à Neunkirchen.

Le rapport du 2e corps, qui arrive à l'instant, relate un bruit d'après lequel un corps prussien suivi d'un corps bavarois seraient en marche vers la Sarre.

Parmi les troupes occupant Trèves et environs le 1er août, se serait trouvé le 37e régiment qui appartient au Ve corps; mais on n'a pas encore d'indices bien certains sur le passage et la présence de ce corps d'armée sur la Moselle.

RENSEIGNEMENTS MILITAIRES POUR LE QUARTIER GÉNÉRAL.

Les journaux ont annoncé dans ces derniers temps que de grandes forces se massaient derrière la Forêt-Noire et dans ces défilés, soit pour faire des diversions le long du Rhin, soit pour pénétrer en France après une grande bataille perdue, par la trouée de Belfort. Il semblerait au contraire, d'après des renseignements plus vraisembles, que les forces méridionales se concentreraient dans la vallée du Neckar et s'étendraient jusqu'à Würtzbourg. Il faudra du temps, jusqu'à ce que le Prince royal ait assimilé sous son commandement les éléments disparates qui composent son armée.

Les journaux allemands laissent presque tous entendre que les armées allemandes, aujourd'hui que leur concentration est terminée, prendront l'offensive et porteront la guerre sur le territoire français.....

Des lettres de la Bavière rhénane annoncent que les forces prussiennes prennent position dans la plaine de Landau, dans la pensée que de là les Français se porteront sur le Main.....

La *Gazette militaire* prussienne annonce la création d'inspecteurs généraux des étapes, ayant pour mission d'assurer le maintien des communications entre l'armée en campagne et la base d'opérations. (*Classé au 5 août, date probable de l'arrivée du document.*)

Metz, 5 août.

Les renseignements fournis par les corps sont très peu nombreux ; les correspondances des émissaires, en date d'hier, signalent une pointe faite par un escadron de uhlans prussiens sur Frauenberg, près Sarreguemines. On attendait le général de Voigt-Rhetz sur la Sarre, avec un corps considérable. On signale des troupes nombreuses entre Saarburg, Kirf et Sarrelouis. Toute l'infanterie du VIIIe corps s'arrête dans le Kœllerthal, à gauche de Duttweiler, ainsi qu'à Jœgersfreude. Le 6e cuirassiers serait en arrière de Sarrebrück.

Une lettre de ce matin porte que le nombre des troupes prussiennes augmente sur la Sarre. La circulation est très active entre Trèves et Sarrelouis. Des troupes nombreuses, avec 38 pièces de gros calibre, occuperaient les hauteurs de Filsberg, près Sarrelouis. On signale beaucoup d'hommes appartenant au VIIe corps. Tous les villages, de Conz à Sarrelouis, seraient pleins de troupes.

Le bruit court chez les Prussiens, depuis plusieurs jours déjà, d'une offensive prochaine de leur part; les dernières nouvelles annoncent que Trèves et Conz sont complètement dégarnies de troupes. Elles se seraient portées dans la direction de Sarrelouis.

Un Agent de Bruxelles au Ministre des affaires étrangères (D. T. Ch.).

Bruxelles, 5 août.

Une personne vient de se présenter .... comme arrivant de Cologne. Suivant ce qu'elle rapporte, il n'y aurait que 4,000 hommes dans cette place. Toutes les troupes, en nombre considérable, auraient été dirigées au delà de Coblentz.

D'autre part, le général X..... sait qu'il est passé à Eupen une très grande quantité de troupes allant vers Trèves, et croit que l'armée du Prince royal est massée derrière Landau. Cette double information concordant sur ce point qu'il faut s'attendre à être attaqué par une masse compacte de près de 600,000 hommes, je me crois autorisé par votre dépêche du 3 août à vous la transmettre.

Un Agent de Bruxelles au Ministre des affaires étrangères.

Bruxelles, 5 août.

Monsieur le Duc,

La personne qui s'est présentée ...., sous le nom de X....., a un passeport qui lui a été donné récemment par le consul d'Angleterre à Mayence.

Elle a fait à pied la route de Francfort au Rhin et s'est embarquée sur un bateau à vapeur jusqu'à Cologne. De Cologne, elle a continué son voyage par la même voie jusqu'à la Hollande, d'où elle est arrivée à Bruxelles.

Le rapport qu'elle m'a fait peut se résumer ainsi :

Dans l'ancien duché de Nassau il y avait, à la date du 31 juillet, 66 bataillons et 22 escadrons qui se dirigeaient vers le Rhin. Le 1ᵉʳ août, elle a compté 24 trains chargés de soldats descendant sur les deux rives du fleuve du côté de Mayence ; il y avait, en outre, des troupes à pied.

A Cologne, où le roi de Prusse est passé le 2 août, les troupes ne faisaient que traverser ; la garnison de cette place ne serait plus que de 4,000 hommes.

Les informations qui me viennent du général que j'ai nommé à Votre Excellence dans ma dépêche télégraphique, font connaître d'autre part qu'un nombre très considérable de troupes a passé à Eupen (près de la frontière belge), se dirigeant sur Trèves. D'après les impressions personnelles du général, il y aurait deux armées de 250,000 à 300,000 hommes chacune, l'une dans les environs de Trèves, l'autre du côté de Landau, et il faudrait nous attendre à être attaqués par une masse compacte qui chercherait à faire une trouée dans notre armée.

. . . .

Pour le Ministre de la guerre (D. T.).

4 août 1870, 4 h. 20 soir.

X....., arrivant de Berlin, me dit que les Prussiens, dans la Bavière rhénane, n'ont pas encore complété leurs munitions et que la circonstance est encore maintenant exceptionnellement favorable pour les attaquer.

L'Autriche continue ses préparatifs.

Transmis au Major général par dépêche chiffrée, le 5 août, à 1 h. 37 soir. (C. 5.)

Un Agent de Thionville au Major général.

Thionville, 5 août, 5 h. matin.

Je me rends ce matin dans le grand duché et à la frontière prussienne pour me faire mieux préciser les derniers renseignements que j'ai eu l'honneur de vous transmettre.

Ma dépêche télégraphique qui vous parviendra avant la présente, vous fera connaître qu'ainsi que je le supposais hier, on avait confondu l'arrivée du général de Steinmetz avec celle du prince Frédéric-Charles qu'on n'attend plus.

J'ignore encore si ce sont des troupes *fraîches* qui réoccupent Wittlich, Trèves et onz.

Les troupes prussiennes paraissent continuellement se déplacer pour faire croire qu'il arrive à toute heure de nouveaux régiments sur les bords de la Sarre. Le soin qu'on met à tenir à distance tous les curieux tend à confirmer cette supposition.

On évalue tantôt à 30,000, tantôt à 40,000 ou 50,000, tantôt à 60,000 hommes et souvent même au delà, l'effectif des troupes concentrées entre Wittlich, Trèves, Sarrelouis et Sarrebrück.

Le même au même.

Thionville, 7 h. 10 matin.

C'était le général Steinmetz qui était descendu à la Quinte, près Trèves, pour conduire les opérations sur la Sarre. Le prince Frédéric-Charles n'est pas arrivé et n'est pas attendu. On parle de la concentration de 90,000 hommes entre le Rhin et Conz, commandés par ce prince. Toujours de grands approvisionnements à Wittlich. Des troupes y ont reparu, ainsi qu'à Trèves et à Conz.

Le même au Major général et au Préfet de Metz (D. T.).

Thionville, 5 août.

Trois officiers prussiens, se disant Anglais, ont quitté Luxembourg ce soir à 4 heures avec la voiture de Mondorf. On croit qu'ils vont explorer la frontière entre Rodemachern et Sierck. Le bruit est répandu que l'armée de la Sarre prendra demain l'offensive.

On attend l'arrivée du général Voigt-Rhetz à la tête d'un corps d'armée considérable.

Des troupes nombreuses sont concentrées entre Saarburg, Kirf et Filsberg.

Une dépêche d'origine prussienne, publiée par deux journaux de Luxembourg, annonce la prise de Wissembourg et la défaite de la division Douay.

Le maréchal Le Bœuf au général Ladmirault, à Boulay, au général Frossard, à Brême-d'Or et au maréchal Bazaine, à Saint-Avold.

Metz, 5 août, 10 h. soir.

Toujours les mêmes renseignements indiquant que des forces ennemies considérables se portent par Trèves vers Sarrelouis et Sarrebrück. On pense qu'il y a exagération dans l'évaluation des forces prussiennes dont il s'agit.

Il convient néanmoins que l'on redouble d'attention aux avant-postes et que l'on fasse de sérieuses reconnaissances sur notre front.

2e CORPS.

Rapport du service des renseignements du 4 au 5 août.

Un espion nous donne les renseignements suivants sur les forces qui peuvent se trouver en face de nous à Saint-Arnual : vis-à-vis le village se voit une hauteur boisée nommée le Halberg, derrière laquelle se rencontre une dépression de terrain où seraient massées des forces d'une certaine valeur. A droite de ce point et en arrière, sur une position dominante, se voient des bâtiments qui constituent une ferme et un château qui portent le nom d'Eschberger-Hof. Ce point se trouverait occupé aussi par des troupes assez nombreuses, infanterie, cavalerie et artillerie. Tout ce monde serait détaché du gros qui occupe Duttweiler à 5 kilomètres en arrière, et sous le commandement du général Steinmetz, commandant un corps d'armée et qui se trouvait de sa personne auprès de Saint-Arnual, et à Sarrebrück dans la journée du 1er août. Plus en arrière, à Neunkirchen se trouverait généralement le prince Frédéric-Charles, communiquant avec Bingen où se trouverait le point de concentration générale des armées prussiennes.

Comme renseignement rétrospectif, qui a bien sa valeur : On a compté 19 pièces d'artillerie dans la journée du 2, massées entre Malstatt et Burbach. Ces pièces, que les Prussiens n'ont pas eu le temps de mettre en batterie, du moins en entier, étaient réparties sur divers points en arrière de la Sarre : 4 du Halberg à Brebach ; 2 à la ferme de l'Eschberg ; les autres n'ont pu être mises en batterie.

A Saint-Arnual, la croyance générale, d'accord avec les probabilités, est qu'il y avait des troupes considérables dans les bois qui couronnent les hauteurs de la rive droite de la Sarre, et que ces forces s'y trouvent encore. Eschberg, en particulier, devait être fortement occupé le 2, et doit l'être encore à l'heure qu'il est. Cette ferme appartient à un officier prussien du nom de Pithing. On voit du reste toute la journée les patrouilles de cavalerie et d'infanterie prussiennes allant de la ferme de l'Eschberg au bois du Halberg.

Un gué très peu profond se trouve tout à côté de St-Arnual et y permet facilement le passage de la Sarre; il se trouve juste en face de l'extrémité du Halberg, au point où se trouvait placée une pièce de canon dans la journée du 2.

BULLETIN DE RENSEIGNEMENTS DU 5 AOUT.

Un déserteur français depuis 1869 (brigadier d'artillerie à Metz) travaillant à Burbach (usine de fonte), a profité de la déconfiture des Prussiens à la journée du 2 pour revenir à Sarrebrück où il s'est remis prisonnier au 67e de ligne. Il a vu la retraite des trois bataillons du 40e prussien, avec 2 pièces de canon et un demi-escadron de cavalerie, sur Halberg.

De Neunkirchen à Duttweiler, au dire des employés de la gare de Saint-Jean qui sont allés à Neunkirchen pour recevoir leur paye, toutes les forêts sont pleines d'infanterie, de cuirassiers, de uhlans et de chasseurs. Des patrouilles de cuirassiers blancs (à cuirasses blanches et jaunes) s'aventurent jusque dans les faubourgs de Saint-Jean, et auraient même fait prisonniers une vingtaine de nos troupiers du 66e, entre autres dans la brasserie de la Rose, au nombre de 8, trahis par des bourgeois qui ont fermé les portes et sont allés avertir les Prussiens.

Le Bureau des renseignements du 2e corps au Major général.

Brême-d'Or, 5 août (n° 7).

Un espion parti le 3 août à 6 heures du soir et rentré le lendemain à 3 heures de l'après-midi a pu passer sans difficultés la Sarre par un gué existant à Grosbliederstroff, ayant de l'eau à hauteur du genou. L'avant-veille, cet homme avait inutilement tenté le passage entre Sarrebrück et Werden.

A la ferme de Wintringerhof, à gauche du village de Bliesransbach, il a reconnu une batterie de 12 pièces, faisant face à l'artillerie française qui se trouve sur la hauteur entre Alsting et Zinzing. A la droite de la batterie prussienne campait un bataillon de chasseurs à pied.

Il a revu sur la montagne d'Eschbergerhof la batterie déjà signalée dans le bulletin n° 4.

A Duttweiler, à 1 kilomètre environ de la station du chemin de fer, il a vu un régiment de cuirassiers (blancs) et un de dragons (couleur sombre). Il a compté dans chacun quatre escadrons placés les uns derrière les autres, la droite appuyée à la forêt, sur le terrain assez resserré qui s'abaisse vers le tracé du chemin de fer. Pas de tentes.

La forêt de la Russhütte lui a semblé remplie d'infanterie : il y en avait surtout autour de la ferme de Rothenhof.

A Hirschbach, du côté de Sulzbach, il a trouvé un régiment de uhlans et le 5e hussards (ce qui indiquerait la présence du IIe corps d'armée, quartier général Mannheim, en rapprochant le numéro de ce dernier régiment de la composition de l'armée prussienne telle qu'elle a été donnée par l'état-major général).

Note du 2e corps.

Brême-d'Or, 5 août.

Le capitaine de Germiny, de la division de cavalerie, a accompagné la reconnaissance dirigée sur Frauenberg (Sarreguemines). Les grand'gardes du 84e et les habitants l'ont assuré que 80 uhlans avaient traversé la portion française du village, pillé le bureau de tabac et s'étaient avancés jusqu'à la crête qui domine le village. Germiny a vu sur les crêtes de l'autre côté un avant-poste bavarois d'infanterie formé d'une compagnie et d'un peloton de cavalerie ; il n'y a pas eu de coups de feu échangés. Ces patrouilles journalières ainsi que celles sur Bliesguerschwiller signalées par le maire, viendraient de troupes concentrées à Blies-Mengen, où elles occupent le revers.

En somme, la reconnaissance n'a pas été inquiétée, mais n'a permis de rien constater non plus.

Il y a un gué à Bliesguerschwiller. Le 2 août, le 5e corps a aussi fait un mouvement en avant de Sarreguemines vers Auersmacher au moyen d'un pont de bateaux de réquisition sur la Blies, qui subsiste encore sous la garde d'une compagnie d'infanterie qui est peut-être un peu aventurée. Entre Bliescastel et Homburg, protégeant le chemin de fer, il doit y avoir 20,000 hommes. En avant d'Assweiler il y a des hauteurs assez accentuées dont les crêtes seraient incontestablement la première ligne de défense de ce corps.

Le général Bataille au Major général.

Devant Sarrebrück, 5 août.

Les espions envoyés depuis trois jours ne sont pas encore revenus.

Un déserteur français, qui s'est présenté ce matin, arrivant de Brebach, donne les renseignements suivants :

A Saint-Jean, il vient constamment des patrouilles de uhlans, hussards, cuirassiers, et aussi des patrouilles d'infanterie, détachées d'un corps qui se trouve dans la forêt, à 3 kilomètres en arrière de Saint-Jean.....

. . . .

On disait, à Saint-Jean, qu'un corps de 40,000 hommes (?) était échelonné entre Duttweiler, Scheidt, Halberg et Brebach.

On n'a pas pu savoir le nom du général commandant le corps, ni si les troupes en question doivent conserver leurs positions.

Ce sont des détachements du 40e et du 69e d'infanterie qui occuperaient les bois en arrière de Saint-Jean. Ils auraient avec eux 30 pièces d'artillerie.

Les bataillons du 40e, qui défendaient Saint-Arnual, le 2 août, ont beaucoup souffert, au dire du même déserteur français.

Les trains venant de Neunkirchen s'arrêtent à Duttweiler.

Un espion rentre à l'instant et confirme la présence du 40e et du 69e, dans les environs de Sarrebrück, avec une batterie d'artillerie. On attend des renforts pour prendre l'offensive.

On prête au prince Charles la pensée d'attaquer sur trois points à la fois, et sous peu de jours, sur Strasbourg, sur Wissembourg, sur Sarrebrück.

Entre Saint-Jean et Scheidt, il y a le 6e cuirassiers et le 3e uhlans, qui ont également des détachements vers Rentrisch et Duttweiler.

A Bliesransbach ont passé un régiment de uhlans (17e) et un régiment de dragons prussiens ; plus deux régiments d'infanterie badoise, marchant sur Strasbourg, paraît-il.

La consigne est très sévère : on ne laisse communiquer les soldats avec personne.

Le général de Laveaucoupet au général Frossard.

4 août.

Je reçois du général Doens le rapport suivant :

Le 5e chasseurs à cheval, qui s'était porté vers Grosbliederstroff, m'a fait connaître qu'on n'avait observé aucun mouvement de l'ennemi dans la direction de ce village : le curé affirme que rien n'avait paru dans la soirée, et que les brigades Lapasset et de Maussion s'étaient repliées sur Sarreguemines sans qu'on ait pu s'expliquer la cause de ce mouvement.

Les reconnaissances partielles qui ont été faites par Etzling et par la vallée de Simbach n'ont rien signalé.

Le 5° chasseurs à cheval est encore (3 h. 1/2 du matin) à Grosbliederstroff, et je continue à occuper le plateau de Spicheren en plongeant
sur les deux vallées, ayant, avec ma brigade, la mitrailleuse et une
batterie de 4.

La brigade n'a rien signalé de nouveau, et sauf les quelques coups
de canon tirés cette nuit de nos positions sur les patrouilles ennemies,
je n'ai rien d'important à noter du côté de Saint-Arnual et de Simbach.

Renseignements politiques et militaires. — Division de Laveaucoupet.

RAPPORT DU 4 AU 5 AOUT.

Dans la journée d'hier, 4, vers 2 heures de l'après-midi, un espion
qui avait passé sur la rive droite de la Sarre, prétendait qu'à Duttweiler
(à 5 ou 6 kilomètres de Saint-Arnual), se trouvait le quartier général
du général Steinmetz, dont le corps était réparti en arrière des hauteurs qui bordent la Sarre, de Sarrebrück à Gudingen et Grosbliederstroff ; il en évaluait la force à 8 ou 10 régiments d'infanterie, de
la cavalerie et de l'artillerie.

Il signalait notamment la présence d'un assez fort parti derrière le
Halberg, et l'Eschberg, dont le sommet, occupé par une grande ferme
(l'Eschberger-Hof) appartenant à un officier supérieur prussien, était
pourvu d'une force respectable (des patrouilles de cavalerie que l'on
voyait circuler toute la journée entre le Halberg et l'Eschberg, rendaient ce dire assez probable).

Il avait appris aussi que le prince Charles (qui a passé il y a peu de
jours à Sarrebrück et à Saint-Arnual en officier de hussards) avait son
quartier général à Neunkirchen et qu'autour de Bingen était le grand
centre de concentration des troupes prussiennes, d'où on les envoyait
rayonner dans toutes les directions.

Comme renseignement rétrospectif, qui peut avoir de l'intérêt, il
disait avoir vu dans la journée du 2 (vers 7 heures du matin) 19 pièces
d'artillerie prussienne, entre Malstatt et Burbach, mais que l'inattendu
de notre attaque, n'avait permis d'en mettre en batterie qu'un très
petit nombre.

Un autre espion revenait hier au soir, à 9 heures, de la rive droite. Il
avait trouvé, à Brebach, derrière un bouquet de bois, deux bataillons
d'infanterie et 12 pièces de canon. Il pensait, mais n'avait pu le vérifier
(n'ayant pu traverser le cordon des troupes, mais ayant entendu causer
les soldats) qu'il y avait d'autres forces encore, qui les appuyaient de
très près.

Note du général Doens.

5 août.

Les patrouilles de la journée continuent à constater l'absence de tout poste ennemi. Les habitants répètent que depuis quelques jours on n'a absolument rien vu. Ces petites patrouilles de cavalerie ont poussé jusqu'à la Sarre.

Une reconnaissance d'un bataillon d'infanterie (2e de ligne) accompagné d'une division de cavalerie (5e chasseurs à cheval) n'est pas encore rentrée.

Le Sous-Préfet de Sarreguemines au général Frossard, Brême-d'Or (D. T.).

Sarreguemines, 5 août, 8 h. 30 matin.

Un escadron de uhlans prussiens vient de venir à Frauenberg, y a enlevé le tabac du buraliste et a déchiré nos affiches.

Dans plusieurs communes de la même frontière, d'autres Prussiens ont enlevé à nos paysans les provisions qu'ils amenaient à notre marché.

Le départ de nos troupes les rend plus audacieux.

Le Sous-Préfet de Sarreguemines aux Généraux en chef (D. T.).

Sarreguemines, 5 août, 10 h. 15 soir.

Ce que j'avais prévu et annoncé depuis trois semaines est enfin arrivé.

Les fils télégraphiques et la ligne ferrée viennent d'être rompus à Bliesbrücken par les Prussiens. Le fil du bureau de l'État de Sarreguemines à Bitche fonctionne toujours.

Le Brigadier de gendarmerie de Volmünster au Capitaine commandant la compagnie, à Sarreguemines.

L'armée prussienne, que l'on me signale comme assez nombreuse sur les frontières du canton de Volmünster, fait de fréquentes patrouilles et s'avance même sur le territoire de la commune d'Erching. Les ennemis arrivent en renseignement deux et trois fois par jour dans les communes d'Omersviller, Schveyen et Rolbing, s'adressent aux personnes qu'ils rencontrent, le pistolet au poing, en les menaçant de mort si elles ne disent pas où sont nos troupes. Par ce fait, la population est très vivement impressionnée, attendu qu'il ne se fait plus de patrouilles par notre armée dans le canton de Volmünster et qu'aucune troupe n'y est stationnée, à l'exception d'un bataillon d'infanterie campé dans les environs de Breidenbach, distant de 6 kilomètres de notre frontière sur Deux-Ponts, où l'on présume qu'est le fort du corps d'armée que l'on me signale ; et d'après les mêmes renseignements, plusieurs régiments de cette même armée seraient campés derrière les côtes de Schveyen, près de Hornbach et Mauschbach.

3ᵉ CORPS.

Le Bureau des renseignements du 3ᵉ corps au Major général.

Saint-Avold, 5 août.

Reconnaissances. — Diverses reconnaissances ont été exécutées le 4 en avant des positions occupées par le 3ᵉ corps. Aucune d'elles n'a aperçu l'ennemi.

Ce matin, je suis passé par Bouzonville, Teterchen, Creutzwald : nulle part on n'avait entendu parler de l'ennemi.....

4ᵉ CORPS.

Le Bureau des renseignements du 4ᵉ corps au Major général.

Bouzonville, 5 août.

Frontière en avant de Bouzonville. — Dans les journées du 3 et du 4 août, le plateau de *Filsberg* n'était pas occupé par les troupes prussiennes : il a été exploré par le garde forestier de *Villing* qui s'est dirigé par la chapelle de *Saint-Oraine* sur *Bérus*, puis s'est replié par *Vieux-Forsweiler* et le *Sauberg* jusqu'à la carrière de *Filsberg-Haut.* Il est revenu en laissant *Ittersdorf* à sa droite. Il a aperçu une patrouille prussienne sortant de *Sarrelouis.* La reconnaissance faite par le général Pajol du 3 au 4 août a donné les mêmes résultats. On a pu constater, avec des longues-vues, que les Prussiens n'avaient point construit des défenses sérieuses au second ressaut de terrain en avant de *Sarrelouis*, marqué par le hameau dit le *Piquart.* Ces faits donnent lieu de croire que l'ennemi n'a pas l'intention de forcer à entreprendre un siège en règle de *Sarrelouis*, car la garnison de cette place ne comporte guère plus de 7,000 hommes, dès lors que des travaux avancés ne permettent pas de s'étendre en dehors de son enceinte.

Renseignements généraux. — Toujours beaucoup de monde dans le bassin de la Sarre. M. X....., rédacteur du *Temps* fait prisonnier par les Prussiens à Sarrebrück le jour de la prise de la ville, a été arrêté le 4 août à notre frontière à Merten. M. X.... a raconté qu'il a été enlevé le 3 août ainsi que deux soldats français, dans une rue de Sarrebrück, par un parti prussien et conduit à Lebach où il a été interrogé par le général de Gœben qui, après quelques pourparlers, a consenti à le faire ramener à la frontière. Arrivé à *Sarrelouis*, il eut les yeux bandés puis il traversa la ville et fut mis en liberté à la frontière française. M. X.... déclare avoir vu plus de dix-sept régiments soit d'infanterie, soit de cavalerie marchant en très bon ordre, se diriger de *Lebach* à *Sarrebrück*. Il a vu peu de monde sur la route de *Sarrelouis*.

Le général de Cissey au général de Ladmirault.

Bouzonville, 5 août.

On m'a remis, pendant le trajet de Kirschnaumen à Bouzonvile, où je viens d'arriver, une lettre d'un agent de Schwerdorff renfermant des renseignements qui paraissent intéressants et sérieux au point de vue des mouvements de l'ennemi. Je vous fais parvenir cette lettre.

Ce matin j'ai fait exécuter une reconnaissance par les capitaines Garcin et de La Boulaye, qui a été poussée par Waldwisse jusqu'aux abords du village prussien Biring. Cette reconnaissance n'a rencontré aucune patrouille ennemie, et les cavaliers prussiens qui jusqu'avant-hier étaient venus à Waldwisse fort régulièrement et chaque jour, n'y avaient pas paru hier ni aujourd'hui. Cela semblerait confirmer les autres indices que les forces ennemies ont été rappelées entre Sarrelouis et Sarrebrück.

. . . .

On me remet une seconde lettre du même agent de Schwerdorff. Cette lettre, datée du 1er et envoyée seulement le 3 août, dit qu'il existe entre Sarrelouis et Sarrebrück un pont en fer, construit il y a trois ans près du village de Werden. Ce pont a été miné par les Prussiens.

7e CORPS.

Le général Douay au Major général.

Belfort, 4 août.

Pendant la nuit du 2 au 3 août, des feux ont été aperçus au-dessus de Weil (Bade) — on les attribue à un détachement de troupes campé non loin de Durlingen. Trois officiers, escortés par trois hommes armés, munis d'un plan et dirigés par le conducteur des travaux du

Rhin badois, se sont présentés en face de Chalampé, le 3 août, vers 10 heures du matin. (*Renseignements fournis par la Direction des douanes, Colmar.*)

A Mœskirch, on ne voit aucune troupe ennemie. A la station de Hollvill, on signale la présence de 13 locomotives et d'un grand nombre de wagons chargés d'avoine et de foin, à destination d'Engen. 3,000 Bavarois sont arrivés à Donaueschingen pour se rendre à Carlsruhe et Rastadt. 4 compagnies würtembergeoises sont arrivées, le 4 août, à Stokach, pour les mêmes positions. A Waldshut et à Saint-Blaise se trouvaient, à la même date, quatre autres compagnies de même nationalité. Les ennemis, postés le 3, à Lœrrach, ont été renvoyés faute d'armes et d'habillement. (*Renseignements donnés par le maire de Saint-Louis.*).....

..... Dans la crainte d'une tentative de passage du Rhin de notre part, 90,000 à 100,000 hommes auraient été massés dans la vallée de la Kinzig, non loin d'Offenbourg. Ce corps aurait pour mission de nous couper la retraite, le cas échéant. 30,000 hommes sont échelonnés de Fribourg, dans le Munsterthal, ou de Schœnau à Todtnau ou Todtmoos. C'est un détachement de ce corps qui, dit-on, a été envoyé dans la nuit du 2 au 3 sur le plateau de Dillingen. (*Rapport du capitaine des douanes de Saint-Louis contre l'exagération duquel il y a lieu de se prémunir.*)

Dans la nuit du 4 au 5 août, une grande lueur a été vue de 1 heure à 2 h. 1/2 du côté de Jechtingen. Du même côté, à Sponeck, on a entendu pendant toute la nuit comme des travaux de pontage. Le poste de douaniers de Schœnau a remarqué la nuit dernière que le poste situé sur l'autre rive du Rhin, au lieu de bourgeois, se composait de douaniers auxquels s'étaient joints 2 hommes avec manteau blanc en sautoir. (*Renseignements donnés par le capitaine des douanes de Marckolsheim.*)

La rive droite du fleuve est surveillée par les conducteurs et cantonniers du service des ponts et chaussées. Tous les bateaux et moyens de passage du fleuve ont été remisés et mis à l'abri d'un coup de main de notre côté.

L'Ingénieur en chef des ponts et chaussées de Strasbourg au général Douay, à Belfort.

Strasbourg, 5 août.

De Rhinau à Strasbourg, on ne voit, sur la rive droite du Rhin, que des douaniers et quelques patrouilles isolées, mais on dit que quelques troupes sont échelonnées le long et en arrière du chemin de fer badois.

Le gros des forces ennemies est à Rastadt.

Dès la déclaration de guerre, je me suis mis, moi et mes ingénieurs, ainsi que tout mon personnel, à la disposition du service militaire, représenté successivement par les généraux Ducrot, Ulrich et le maréchal de Mac-Mahon. Je me mets aujourd'hui entièrement à la vôtre dans la mesure de mes moyens d'action.

Mes conducteurs et cantonniers surveillent la rive droite du fleuve, mais les bords de cette rive seulement et non l'intérieur du pays. Pour ce dernier objet, le capitaine Iung, qui a été envoyé en mission à Strasbourg par le grand quartier général et qui réside à la Préfecture, pourra vous renseigner : je l'ai mis en rapport avec quelques personnes qui se sont chargées de lui procurer ces renseignements par la voie de Bâle.

Après m'être concerté avec l'autorité militaire, j'ai pris les mesures suivantes entre Huningue et Lauterbourg :

1° J'ai fait replier et mettre en sûreté tous les passages français du Rhin : bacs ordinaires, bacs à traille, bacs volants, ponts de bateaux de Huningue et de Neuf-Brisach.

2° J'ai fait couper ceux des passages badois non encore repliés par l'ennemi.

3° J'ai invité les entrepreneurs et les particuliers à mettre leur matériel flottant à l'abri d'un coup de main et fait dresser l'état de ce matériel afin qu'on puisse en requérir en cas de besoin la partie qui pourrait être utilisée pour un passage de troupes.

4° J'ai fait conduire et réunir à Rhinau, sur le canal du Rhône au Rhin, tout le matériel des ponts de bateaux de Huningue et Neuf-Brisach, pour de là le faire descendre ou remonter selon que le service militaire aura besoin de rétablir une communication à l'aval ou à l'amont lorsque nous serons maîtres de la rive opposée.

5° J'ai fait construire et disposer à Strasbourg tout ce qui est nécessaire pour monter et lancer dans le Rhin des chaloupes canonnières.

Paris. — Imp. R. Chapelot et Cᵉ, rue Christine, 2.

9 Janvier 31

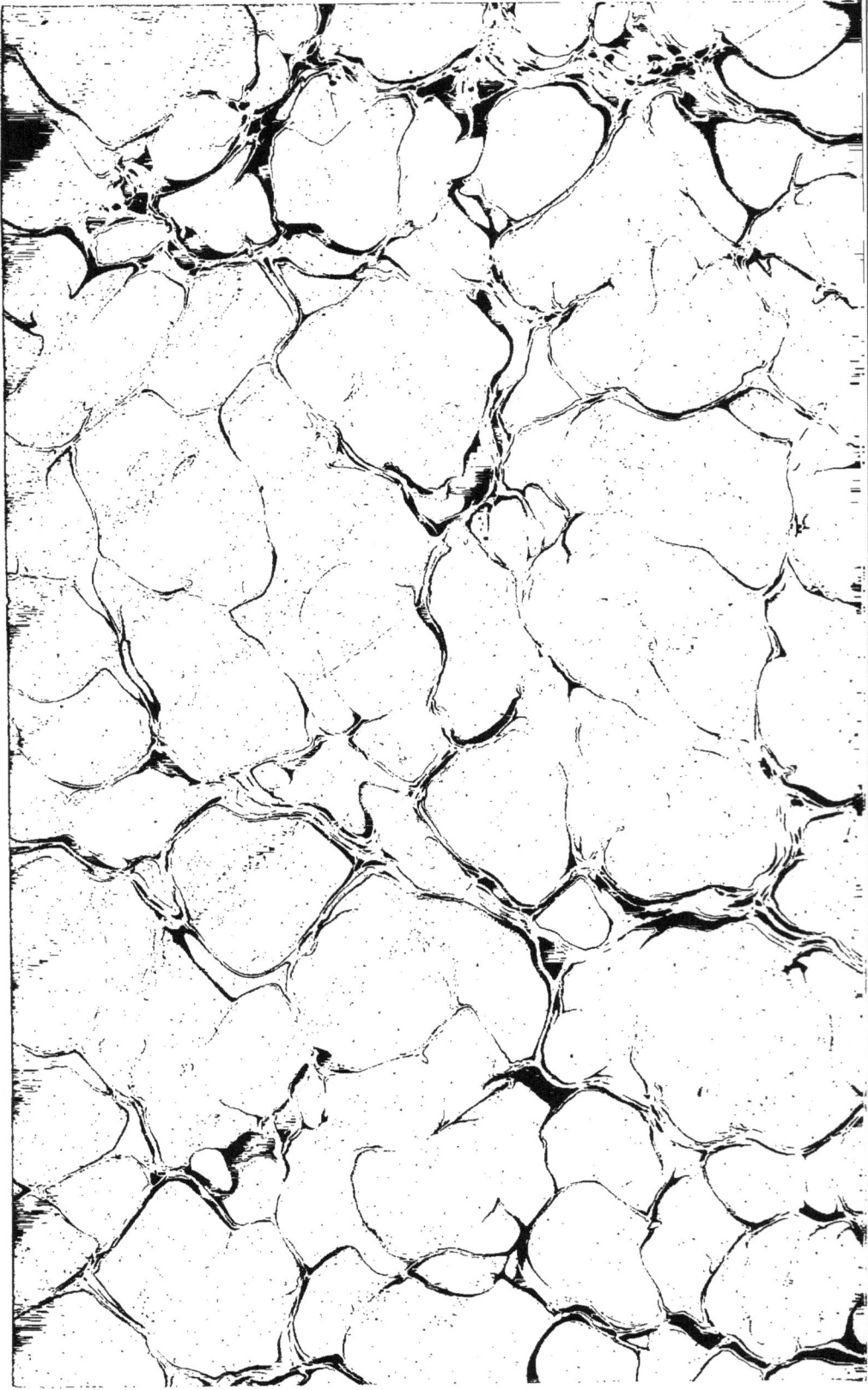

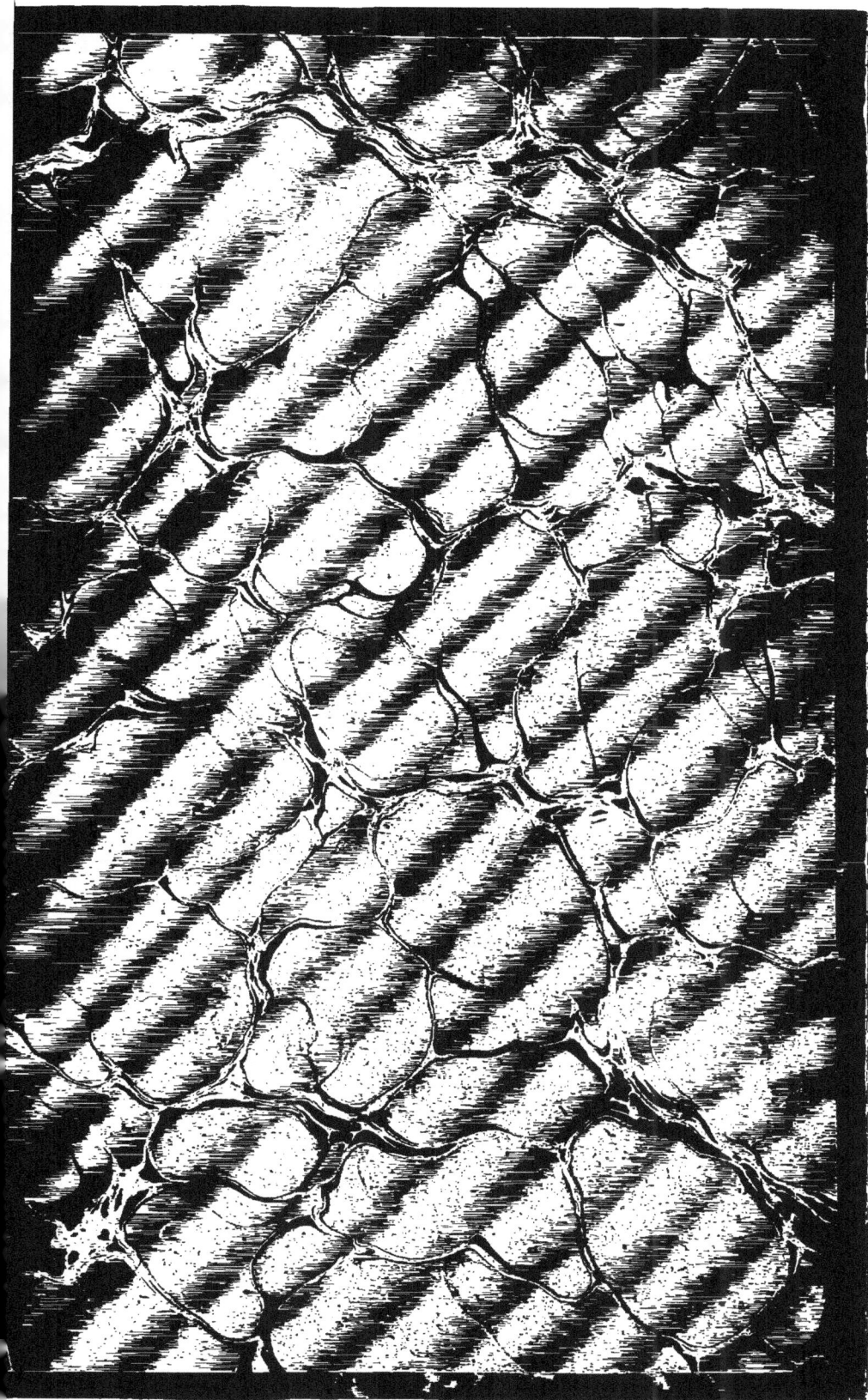

www.ingramcontent.com/pod-product-compliance
Lightning Source LLC
Chambersburg PA
CBHW071942090426
42740CB00011B/1784